D1347453

Leabharlann na Mí
(Meath County Library)

Loan period — two weeks.

A fine of 30c per week or
part of week is charged on
overdue books.

Máiréad Ní Ghráda

AN TRIAIL

AN TRIAIL

Dráma Dhá Ghníomh

Máiréad Ní Ghráda

Réamhrá agus Aiste: Éamon Ó Ciosáin

AN GÚM
Baile Átha Cliath

An Chéad Chló
© Rialtas na hÉireann, 1978
Athchló 1995, 1998, 1999
© Foras na Gaeilge, 2000
Athchló 2001, 2002, 2003, 2004, 2005

Fionnuala Ní Chiosáin a dhear an clúdach
© Grianghraf an chlúdaigh : Fionnuala Ní Chiosáin

*Is le hoidhrí an údair na cearta léirithe
Téitear i dteagmháil leo trí na foilsitheoirí*

ISBN 1 85791-126-1

Criterion Press Teo. a chlóbhuail in Éirinn

Le fáil ar an bpost uathu seo:

An Siopa Leabhar,	*nó*	An Ceathrú Póilí,
6 Sráid Fhearchair,		Cultúrlann Mac Adam–Ó Fiaich,
Baile Átha Cliath 2.		216 Bóthar na bhFál,
ansiopaleabhar@eircom.net		Béal Feirste BT12 6AH.
		leabhair@an4poili.com

Orduithe ó leabhardhíoltóirí chuig:
Áis,
31 Sráid na bhFíníní,
Baile Átha Cliath 2.
eolas@forasnagaeilge.ie

An Gúm, 24-27 Sráid Fhreidric Thuaidh, Baile Átha Cliath 1.

CLÁR

RÉAMHRÁ

Léiríodh *An Triail* den chéad uair ar an 22 Meán Fómhair 1964 mar chuid d'Fhéile Amharclainne Bhaile Átha Cliath, sa Damer, amharclann Ghaeilge a bhí faoi stiúir Ghael-Linn. Amharclann bheag neamhspleách a bhí ann a thug saoirse do scríbhneoirí Gaeilge nach raibh le fáil acu, b'fhéidir, faoi réimeas Amharclann na Mainistreach. Tharraing Máiréad Ní Ghráda ábhair chonspóideacha chuici sna 1960idí; bhí fairsinge ag teacht sa díospóireacht phoiblí in Éirinn san am. Seachtain sular cuireadh *An Triail* ar an stáitse, scríobh an t-iriseoir, Michael Viney, sraith alt san *Irish Times* faoin mbealach a chaití le máithreacha aonair.

Fuair *An Triail* ardmholadh ag Féile 1964. Caitlín Maude, an file as Ros Muc, a bhí sa phríomhpháirt ar dtús, agus tháinig Fionnuala Ní Fhlannagáin, aisteoir a bhain cáil amach di féin ar ball, ina diaidh. Mhol an léirmheastóir Harold Hobson an dráma ar *Times* Shasana. Bhí conspóid faoi freisin, daoine a rá gur ábhar smolchaite a bhí ann, daoine eile a shíl nár cheart radharc in árasán striapaí a chur ar an stáitse. Rinne RTÉ leagan teilifíse de, an chéad dráma teilifíse Gaeilge, a craoladh i dtús 1965 agus a cuireadh isteach ar Fhéile Dhrámaíocht Teilifíse Bheirlín. Aistríodh go Béarla é agus léiríodh in amharclann an Eblana i mBaile Átha Cliath é. Léirítear go rialta é ag féilte drámaíochta go fóill. Is beag dráma Gaeilge eile (seachas *An Giall* le Breandán Ó Beacháin) ar éirigh chomh maith sin leis as Gaeilge agus as Béarla araon.

An t-údar agus an t-ábhar
Dráma ina gcuirtear ceisteanna crua faoi shaol na hÉireann
é *An Triail*. Cás conspóideach agus tragóideach é cás an
chailín óig a raibh páiste aici le fear pósta agus ar dhíbir
a muintir í. Tríd an gcás aonair seo scrúdaíonn an t-údar
dearcadh mícharthanach an phobail ina iomláine ar
mháithreacha aonair.

Bhí an t-ábhar neadaithe i samhlaíocht an údair ó bhí
sí ina cailín óg, a dúirt sí in agallamh ar Raidió Éireann:
cailín singil a díbríodh de bhrí go raibh sí ag iompar
clainne. 'D'fhág sé sin rian ar m'aigne riamh, an éagóir
a deineadh ar an gcailín sin,' a dúirt sí. 'Ach bhí a fhios
ag gach éinne cérbh é an fear, agus níor deineadh rud ar
bith don bhfear. Ach an cailín bocht, amháin, agus as san
is ea d'eascair *An Triail*. Níor bhain sé ró-fhada ansan
díom é chur síos toisc mé a bheith ar gor air chomh fada
san.'

Chreid Máiréad Ní Ghráda gur cheart don údar agus
don léiritheoir oibriú le chéile le feabhas a chur ar dhrámaí.
Athraíodh gnéithe den scéal le linn na gcleachtaí i 1964.
Baineadh athair Mháire as an dráma, rud a threisíonn leis
an gcoimhlint idir í agus a máthair, agus a fhágann cruas
'fireann' ina máthair, fiú cruálacht. Sa leagan tosaigh bhí
Máire os comhair na cúirte faoina leanbh a mharú, ach
sa leagan seo maraíonn sí í féin chomh maith, rud a
chuireann leis an drámatúlacht, ar ndóigh. Níos tábhachtaí
ná sin, cuireann sé le sochreidteacht an dráma, mar a
deir a cara Mailí: 'Ní cheadódh sí an leanbh a dhul uaithi
i ndorchacht na síoraíochta gan í féin a dhul in éineacht
léi.' Rud é seo a thagann le pearsa Mháire mar a léirítear
tríd an dráma é.

Cur i láthair an dráma: an sean agus an nua
Is cuid de bhéaloideas an domhain mhóir cás an chailín óig atá tréigthe ag a leannán, mar a chuireann an t-amhrán tíre, Siúil a Ghrá, i gcuimhne dúinn ag fíorthosach *An Triail*. Más fíor go bhfuil an t-ábhar chomh sean leis an saol, tá idir shean agus nua ann ó thaobh ealaíne agus teicníochtaí na drámaíochta.

Stíl teilifíse: Dúirt Máiréad Ní Ghráda go raibh spéis aici drámaí teilifíse a scríobh san am sin. Ba bheag athrú ba ghá a dhéanamh ar *An Triail* don teilifís, ar ndóigh. Ba dhráma cúirte an chéad leagan, cineál dráma a bhfuil cleachtadh againn air ón teilifís anois, ach briseadh suas ina mhíreanna é, mar a bheadh clár doiciméadach ann. Tá na radhairc gairid, briste mar a bhíonn i ndrámaí teilifíse.

An 'dráma moráltachta' é?: Dúirt léirmheastóir amháin gur 'medieval play in the modern manner' é. Tá simplíocht áirithe ann, an saol ar fad i gcoinne Mháire (seachas a cara Mailí), an scéal ina dhubh is ina bhán, beagnach. D'fhéadfaí Máire a chur i gcomparáid leis an Neamhurchóideach ar a chosán tríd an saol sna seandrámaí moráltachta. Is beag forbairt a dhéantar ar na pearsana mar phearsana: tá an cléireach ann, an t-oibrí sóisialta, an bhean mheánaicmeach, an striapach, an fear oibre, an bheirt aturnae. Níl ainm ar chuid díobh.

I ndrámaí na Meánaoise, is aicmí daoine mar sin a bhíodh ar an stáitse seachas daoine ar leith a léirítear a gcuid mothúchán dúinn. Bhí an claonadh seo ag Máiréad Ní Ghráda i ndrámaí eile: Ise agus Eisean atá ar bheirt *Súgán Sneachta*. Rinne sí pearsanú ar an Olc agus ar an mBás i ndrámaí eile, mar a dhéantaí fadó. Gléas drámatúil eile ón nGréig fadó is ea an *chorus*, guthanna a mhíníonn brí an dráma don lucht féachana, nó a deir rudaí géara íorónta. Mná a bhíodh sa chór go minic fadó, agus i bhfianaise scéal *An Triail*, agus ós rud é gur drámadóir mná a scríobh, cá hiontas gur mná a dhéanann an tráchtaireacht (Bean 1, Bean 2 agus Bean 3)?

An tragóid: Cé go bhfuil gnéithe den dráma moráltachta ann, ní dráma aontaobhach atá in *An Triail*. Ní méaldráma é ina bhfuil an saol ar fad sa mhullach ar dhuine maith. I gcás na tragóide, bíonn coimhlint idir fhórsaí sa saol, agus coimhlint in aigne na príomhphearsan féin. Feictear in *An Triail* go bhfuil croí mór maith ag Mailí, an striapach a thugann cabhair agus dídean do Mháire, agus trua ag Seáinín an Mhótair di. Ní olc atá cuid mhaith de na daoine eile a chastar ar Mháire, ach séanann siad a bhfreagracht dá gcomharsana, agus ceist thábhachtach é sin. I gcás Mháire féin, tá coimhlint ar mhodh na tragóide clasaicí ann idir dhá riachtanas: riachtanas a dílseachta dá páiste agus don athair a raibh sí i ngrá leis, agus riachtanas an tsaoil a deir léi ciall a bheith aici agus a páiste a chur ar altramas. Tarlaíonn tubaiste nuair a théann an dá fhórsa i gcoimhlint le chéile. Tá coimhlint eile ann idir neamhurchóideacht Mháire, agus an gníomh uafásach a dhéanann sí sa deireadh. Dá bhrí sin is féidir a rá go bhfuil mianach na tragóide sa dráma.

Tionchar dhrámaí Brecht: Is dócha gurb é tionchar dhrámaíocht Bhertolt Brecht an nuacht is mó a bhaineann le foirm *An Triail*. Leag Brecht, drámadóir Gearmánach (1898 -1956) béim ar shimplíocht an chur i láthair, ar cheol agus scéalta, agus ar an dráma mar mhodh teagaisc. Bhí Tomás Mac Anna faoi thionchar na smaointe seo nuair a léirigh sé *An Triail*. Níor cloíodh le rialacha traidisiúnta ar nós láthair an dráma a bheith in aon áit amháin. Léirítear réimse leathan

de shaol na tíre i radhairc an dráma seo, ionas go bhfiafraítear:
an bhfuil an pobal ar fad ciontach san easpa carthanachta?
Sheachain drámaí Bhrecht 'doimhneacht' na gcarachtar agus
an scrúdú ar aigne an duine. Leagadh an bhéim ar an
gcomhthéacs sóisialta. Castar go leor pearsan orainn sa dráma,
ach níl siad ann i ndáiríre ach chun an gníomh a bhí le déanamh
acu le Máire a chur i gcrích.
Is é an rud is suntasaí faoin gcineál seo drámaíochta, go
gcuirtear i gcuimhne don lucht féachana gur ag breathnú ar
dhráma atá siad. Chuige seo d'éiligh Brecht aisteoireacht
'oibiachtúil' (mar a thug sé air) óna chuid aisteoirí. Caitheann
an lucht féachana smaoineamh go fuarchúiseach, nó 'os cionn'
an dráma agus ní 'istigh' ann. Admhaítear nach é an saol atá
os a gcomhair, ach dráma. Dhiúltaigh Brecht don chleas atá
in úsáid ó aimsir Arastatail anuas, comhbhá an lucht féachana
leis an bpearsa; níor mhian leis go dtarlódh an 'hiopnóis' seo.
I gcás An Triail, is léir nach triail chúirte atá i gceist, mar tá
Máire, an 'coirpeach', marbh. B'amhlaidh don pholaiteoir
Marcas de Grás in Breithiúnas (1968), mórdhráma eile
Mháiréad Ní Ghráda. Níl sna haturnaetha mar sin ach gléas
le brí an scéil a chur abhaile. Ceistíonn na haturnaetha na
pearsana, agus léiríonn siad fírinne na rudaí a rinne siad ar
Mháire murab ionann agus na rudaí ar mhaith le daoine a
cheapadh fúthu féin. Cuirtear fírinne mhorálta agus fírinne
eacnamaíoch araon inár láthair trí úsáid an chroscheistithe.
Sa chineál seo amharclainne iarrtar ar an lucht féachana
smaoineamh ar an ábhar, agus gníomhú, nó fiú rud éigin a
dhéanamh faoi nuair a fhágann siad an amharclann. Cuid den
saol mór, den saol polaitiúil is ea an amharclann dá bhrí sin.
Iarrtar ar an lucht féachana a bheith mar ghiúiré in An Triail.
I nGníomh a hAon, Radharc a hAon, iarrtar orthu an fhianaise

a scrúdú agus gan trua a bheith acu. Mar a dúirt Brecht ina chuid nótaí léirithe do *Mutter Courage* 'Múineann an dráma níos mó ná an saol do dhaoine, mar cuirtear an suíomh (an scéal) ar bun mar thástáil agus é mar aidhm tuiscint a chothú sa lucht féachana; is é sin, bíonn an té atá i láthair mar a bheadh foghlaimeoir, má léirítear an dráma ar an mbealach ceart'. Is cineálacha seasmhacha iad pearsana Brecht, agus pearsana *An Triail*. De réir na teoirice seo níl mórán tábhachta lena bhforbairt mar phearsana – is é an lucht féachana a chaitheann an fhoghlaim a dhéanamh. Dá bhrí sin is tábhachtaí tuiscint ná trua.

Téamaí agus teachtaireacht
Briseadh rialacha, sárú geasa is bun le tragóid go traidisiúnta. Pléann *An Triail* le cás inar briseadh riail an chomhluadair arb as Máire, nár cheart páiste a bheith ag cailín taobh amuigh den phósadh. Ach sáraítear rialacha bunúsacha eile: maraíonn Máire a hiníon, maraíonn sí í féin. Tá trácht ag máthair Mháire ar chineál ginmhillte. Tarraingítear ábhair eile anuas nach i gcónaí a labhraítear fúthu os ard. Luaitear striapacha agus tagann striapach i láthair. Léimeann na ceisteanna sin amach as an scríbhinn chugainn. Ceisteanna an-tábhachtach ó thaobh an phobail iad; is ceisteanna goilliúnacha atá agus a bheidh iontu i gcónaí. Ba mhisniúil an rud ag Máiréad Ní Ghráda a leithéid a chur i ndráma in Éirinn sna 1960idí agus gan an réabhlóid fheimineach ach ina tús.

Tugtar léargas an-ghéar ar nósanna agus ar thuiscintí phobal na tíre. Is cineál áirithe í máthair Mháire, bean tuaithe a shocraigh go mbeadh mac ina shagart, iníon ina bean rialta agus go bhfágfaí an fheirm ag an mac eile. Cuirtear ina leith gur 'tuairim na gcomharsana is mó atá ag déanamh buartha

duit'. Fiafraíonn Seáinín an Mhótair: 'Cé a deir gur tír Chríostúil
í seo?', tír a thiomáineann Máire Ní Chathasaigh chun
dúnmharaithe agus chun lámh a chur ina bás féin. Nach mar
a chéile tíorántacht dhaoine measúla na tuaithe agus cuma
liom na cathrach a ligfeadh do pháiste Mháire bás a fháil
nuair a thit an teach? Déantar léirmheas ar an dá shaol, saol
na tuaithe agus na cathrach. Ó thaobh téama na Críostúlachta
de, is spéisiúil an rud gurb í Mailí an striapach, an peacach,
an t-aon duine a chleachtann carthanacht i leith Mháire. Is
cineál í a théann siar go Máire Mhaigdiléana.

Gluaiseacht an dráma
Tá córas agus struchtúr an teaghlaigh mar chreatlach drámatúil.
A muintir féin, a mháthair agus a beirt deartháir, a ruaig Máire
agus a thréig í i dtosach. Rud suntasach, áfach, go bhfuil ceangal
an phósta a bhí chomh suntasach sin i ndrámaí eile Mháiréad
Ní Ghráda in easnamh. Níl fear céile ag máthair Mháire níos
mó, is máthair aonair í Máire, is amhlaidh do na cailíní sa
Teach Tearmainn, ní fheictear Bean Uí Chinsealaigh i
gcomhthéacs a fir, agus mar sin de. Is í an aonaracht seo
cinniúint Mháire. De réir a chéile fágann sí na struchtúir
shóisialta ina diaidh. Tugann gluaiseacht na radharc i nGníomh
a hAon amach óna teaghlach féin í, go teaghlach strainséartha
(Uí Chinsealaigh), go hinstitiúid neamhphearsanta na
máithreacha aonair agus ansin téann sí amach sa saol léi féin
(agus a páiste). I nGníomh a Dó, oibríonn sí i monarcha i
measc strainséirí, agus is é a lóistín deireanach ná tigh Mhailí,
bean atá ar imeall an phobail ar fad, mar atá Máire féin ag
an staid seo. Is é an t-aon chéim eile atá fágtha ar an aistear
seo, ná an saol seo a fhágáil.

Ag dhá cheann an aistir, cloistear caint Mháire: 'Mharaigh mé mo leanbh de bhrí gur cailín í. Fásann gach cailín suas ina bean. Ach tá m'iníon saor . . . Ní bheidh sí ina hóinsín bhog ghéilliúil ag aon fhear.' Athraíonn tuiscint an lucht féachana ar an ráiteas sin de réir mar a ghluaiseann an dráma ar aghaidh. Tuigtear an strus intinne ba chúis leis, agus na cúinsí sóisialta, go háirithe an fhimíneacht a chuir an brú uafásach sin ar Mháire. Ráiteas an-chorraitheach atá ann. Tá a hiníon saor, is é sin, saor ó fhealltacht na bhfear. Ní fhulaingeoidh sí mar a d'fhulaing a máthair, ná go leor ban ar fud an tsaoil mhóir. Tá uafás dhúnmharú a páiste féin ann, agus níl aon trácht ar anam ná ar Dhia, cé go n-iarrann Mailí trócaire ó Dhia uirthi in abairt dheireanach an dráma.

Ó scríbhinn go dráma
Níl sa téacs seo de *An Triail* ach an scríbhinn – rud neamhbheo atá ag fanacht le glórtha agus coirp chun é a thabhairt ar an saol. Ar aghaidh linn anois go dtí an léiriú, bíodh sé sa seomra ranga, ar an stáitse, nó ina thaibhse léirithe in intinn agus i samhlaíocht an léitheora.

Éamon Ó Ciosáin

AN TRIAIL

PEARSANA

ATURNAE 1, aturnae an Stáit.
ATURNAE 2, aturnae an chosantóra.
CLÉIREACH NA CÚIRTE.
MÁIRE NÍ CHATHASAIGH, cailín óg.
LIAM Ó CATHASAIGH, a deartháir.
SEÁN Ó CATHASAIGH, deartháir eile.
BEAN UÍ CHATHASAIGH, a máthair.
PÁDRAIG MAC CÁRTHAIGH, máistir scoile.
COLM Ó SÉ, máistir eile.
BEAN UÍ CHINSEALAIGH, bean tí.
ÁINE NÍ BHREASAIL, oibrí sóisialta.
MAILÍ, PAILÍ, DAILÍ agus NÁBLA, cailíní sa
    Teach Tearmainn.
SEÁINÍN AN MHÓTAIR.
AN SAGART.
BAINISTEOIR NA MONARCHAN.
BEAN AN LÓISTÍN.
MNÁ, GARSÚIN NUACHTÁN, FIR DHÓITEÁN.

NÓTA

Léiríodh an dráma seo den chéad uair in Amharclann Damer i mBaile Átha Cliath, ar 22 Meán Fómhair, 1964. Bhí an fhoireann mar a leanas:

ATURNAE 1, Conchúr Ó Donncha.

ATURNAE 2, Dónall Ó Cuill.

CLÉIREACH NA CÚIRTE, Aodán Breathnach.

MÁIRE NÍ CHATHASAIGH, Caitlín Maude*.

LIAM Ó CATHASAIGH, Seán Ó Ríordáin.

SEÁN Ó CATHASAIGH, Siomóin Ruithléis.

BEAN UÍ CHATHASAIGH, Áine de Brún.

PÁDRAIG MAC CÁRTHAIGH, Cathal Mac Fhionnlaoich

COLM Ó SÉ, Mícheál Ó Fiannachta.

BEAN UÍ CHINSEALAIGH, Mairéad Ní Fhloinn.

ÁINE NÍ BHREASAIL, Nóra Ní Loideáin.

MAILÍ, Máirín Duraic.

PAILÍ, Nuala Ní Dhomhnaill.

DAILÍ, Máire Ní Ghráinne.

NÁBLA, Nóirlín Ní Dhuibhir.

SEÁINÍN AN MHÓTAIR, Tadhg Ó Muirí.

BAINISTEOIR NA MONARCHAN, Diarmuid Ó hAirt.

BEAN AN LÓISTÍN, Áine Ní Mhuirí.

GARSÚIN NA NUACHTÁN, Pádraig Mac Lochlainn, Éamonn Ó hUanacháin.

Tomás Mac Anna *a léirigh.*

De bharr tinnis a bhuail Caitlín Maude tar éis roinnt oícheanta sa pháirt, bhí ar Fhionnuala Ní Fhlannagáin dul ina háit.

GNÍOMH 1

RADHARC 1

Ceol: "Siúil, a ghrá . . ."
Sula n-ardaítear an brat ritheann GARSÚIN NUACHTÁN
isteach.

GARSÚIN. Páipéar an tráthnóna. Tragóid uafásach.
Páipéar an tráthnóna. . . . Páipéar . . . Tragóid
sa chathair. . . .

GLÓR MHÁIRE. Mharaigh mé mo leanbh de bhrí gur
cailín í. Fásann gach cailín suas ina bean. Ach
tá m'iníon saor. Tá sí saor. Ní bheidh sí ina
hóinsín bhog ghéilliúil ag aon fhear. Tá sí saor.
Tá sí saor. Tá sí saor.

Garsúin: iad ag rith isteach.

GARSÚIN. Páipéar an tráthnóna. Tragóid uafásach.
Páipéar. . . . . Páipéar.

Tagann ATURNAE AN STÁIT. *Bagraíonn sé ar na*
garsúin agus imíonn siad. Labhraíonn seisean os
comhair an bhrait amach.

ATURNAE I. A uaisle, iarraim é seo oraibh—aon ní atá
cloiste agaibh, nó aon ní atá léite agaibh i
dtaobh na cúise seo, é a chur as bhur n-aigne.
Éistigí leis an bhfianaise a thabharfar os bhur
gcomhair, agus tugaigí bhur mbreith de réir na
fianaise sin agus de réir na fianaise sin amháin.
An príosúnach a bheidh os bhur gcomhair tá
coir uafásach á cur ina leith. Tá dúnmharú á

19

Damned hatred act

chur ina leith—gníomh gránna danartha, gníomh a iarrann díoltas ó Dhia, agus ó dhaoine. Cailín óg í, agus b'fhéidir go mbeadh trua ag cuid agaibh di dá réir. Ach má chruthaítear gur dhein sí an gníomh gránna danartha sin níl cead agaibh i láthair Dé ná i láthair daoine, níl cead agaibh ligean don trua cur isteach ar an daorbhreith a thabharfaidh sibh uirthi.

Glórtha na Cúirte: ardaítear an brat. Feictear an chúirt, ATURNAETHA, CLÉIREACH, FINNÉITHE *i láthair.*

eyewitnesses

CLÉIREACH. Máire Ní Chathasaigh. Glaoitear ar Mháire Ní Chathasaigh.

GLÓRTHA. Máire Ní Chathasaigh. Máire Ní Chathasaigh.

Tagann MÁIRE. *Seasann ar ardán na fianaise ar thaobh na láimhe clé.*

CLÉIREACH. A phríosúnaigh os comhair na cúirte, cad a deir tú: ciontach nó neamhchiontach?

GLÓRTHA. Ciontach nó neamhchiontach?

Tagann MÁIRE *go dtí tosach an ardáin agus labhraíonn leis an lucht éisteachta.*

MÁIRE. Is dóigh leo seo go bhfaighidh siad eolas ar na cúrsaí go léir. Ach tá nithe ann a bheidh ceilte orthu go brách. Na nithe atá folaithe i mo chroíse . . . ainm áirithe . . . . ainm nár luadh riamh . . . an oíche ba thús dó . . . . Oíche sin an rince sa teach scoile. An ceol (*cloistear ceol rince*). An t-amhrán a chan mé.

RADHARC 2 : AN RINCE SA TEACH SCOILE

Buachaillí óga, cailíní óga, MÁIRE *suite ina haonar.*

COLM. (*Is é atá ina 'mháistir rince'*) Bíodh amhrán againn.
An gcanfaidh tú amhrán dúinn, a Mháire?
Éiríonn sise. Seolann seisean go dtí lár an ardáin í.
Fógraíonn sé os ard.
Anois, beidh amhrán againn ó Mháire Ní
Chathasaigh. Cén t-amhrán a chanfaidh tú, a
Mháire?

MÁIRE. 'Siúil, a ghrá'.

COLM. Go maith. Canfaidh Máire Ní Chathasaigh 'Siúil,
a ghrá'.
Amhrán: 'Siúil, a ghrá. Tagann PÁDRAIG *fad a*
bhíonn an t-amhrán á chanadh, é ag gáire le buachaill
eile. Stadann sé den gháire. Seasann sé i leataobh agus é
ag éisteacht. Bualadh bos i ndiaidh an amhráin.

COLM. Mo cheol tú, a Mháire. Bhí sin go hálainn ar fad.
Anois, a bhuachaillí agus a chailíní, cad a bheidh
againn!

DAOINE ÓGA. Rince! 'Fallaí Luimní,' 'Caidhp an
Chúil Aird', 'Ionsaí na hInse', *etc.*

COLM. 'Ionsaí na hInse', más ea.
(*Imíonn na daoine óga. Ní fhanann ar an ardán ach*
MÁIRE, COLM, PÁDRAIG, LIAM Ó CATHASAIGH
agus BEITÍ, *agus an* MHÁISTREÁS SCOILE).

21

COLM. Níl tú ag rince, a Mháire. Gheobhaidh mé
páirtí duit. A Phádraig, tar anseo. (*Tagann*
PÁDRAIG) Seo Máire Ní Chathasaigh. Agus, a
Mháire, seo Pádraig Mac Cárthaigh, an máistir
scoile atá tar éis teacht chun na háite.

MÁIRE. (*Go támáilte*) Tá a fhios agam. Chonaic mé ag
an Aifreann é ar maidin.

PÁDRAIG. Chonaic tú ag an sean-armóin mé. Mar sin a
bhíonn an scéal ag an máistir scoile—nach ea, a
Choilm? É ina theagascóir gan onóir i gcaitheamh
na seachtaine, ina shéiplíneach gan ord ar maidin
Dé Domhnaigh. . . .

COLM. Agus ina mháistir rince gan tuarastal san oíche!
Gabh mo leithscéal anois. Caithfidh mé súil a
choinneáil ar an rince. Tabhair aire mhaith di,
a Phádraig! Tá sí ag dul sna mná rialta.

PÁDRAIG. Déanfaidh mé sin. (*Imíonn* COLM) Chan tú an
t-amhrán sin go hálainn.

MÁIRE. Go raibh maith agat.

PÁDRAIG. An bhfuil tú ag baint aoibhnis as an oíche?

MÁIRE. Ó, táim . . . tá sé go hálainn ar fad . . . (*go
tobann*) Is annamh a thagaim ar rince. Ach toisc é
seo a bheith sa teach scoile agus an sagart ina
bhun, lig mo mháthair dom teacht . . .

PÁDRAIG. I d'aonar?

MÁIRE. Ó ní hea—le mo dheartháir Liam. Féach ansin é
le Beití de Búrca.

PÁDRAIG. Ólfaidh tú deoch. Tá sú óráiste againn agus
sú liomóide agus—sú oráiste.

MÁIRE. Sú oráiste, le do thoil.

provides *Soláthraíonn sé deoch di.*

PÁDRAIG. (*Leis an máistreás scoile*) An bhfuil tú ag baint aoibhnis as an oíche?

M.SCOILE. Is dócha go bhfuilim.

Imíonn an MHÁISTREÁS SCOILE. *Tagann seisean leis an dá ghloine. Ólann sé féin agus* MÁIRE *an sú oráiste.*

PÁDRAIG. A Mháire Ní Chathasaigh, an rincfidh tú liom—nó an gá dom cead a fháil ó do mháthair? Nó ó do dheartháir Liam?

MÁIRE. Ní gá, ach caithfidh tú a bheith foighneach liom. Nílim go rómhaith chuige. Níl mórán taithí agam air.

PÁDRAIG. Cailín deas óg agus gan taithí aici ar rince!

MÁIRE. Ní ligeann mo mháthair dom dul ar na rincí.

PÁDRAIG. Eagla atá uirthi roimh na mic tíre.

MÁIRE. Ní hea . . . Is amhlaidh . . . is amhlaidh is dóigh léi go rachaidh mé sna mná rialta.

PÁDRAIG. Agus cad is dóigh leat féin?

MÁIRE. Níl a fhios agam. *Let us be brave*

PÁDRAIG. Á, bhuel! Glacaimis misneach. Níl a fhios ag aon duine beo cad tá roimhe. Tá siad ag fanacht linn.

Imíonn Pádraig agus Máire.

BEITÍ. (*Le Liam*) Tá an rince ag tosú. Seo leat.

Imíonn Beití. Tá Liam ar tí í a leanúint nuair a ghlaoitear as a ainm air. Tagann an bheirt ATURNAE *agus an* CLÉIREACH.

CLÉIREACH. Liam Ó Cathasaigh! Liam Ó Cathasaigh!
Sceitear solas san aghaidh ar Liam.

ATURNAE. Tusa Liam Ó Cathasaigh?

LIAM. Is mé.

ATURNAE. Tusa deartháir an phríosúnaigh?

LIAM. Is mé.

ATURNAE. Tusa an deartháir is sine aici?

LIAM. Is mé . . . Ach ní ormsa is cóir aon phioc den mhilleán a chur. Bhí comhluadar de mo chuid féin agam an oíche sin. Ní fhéadfainn a bheith ag a sála sin i gcónaí. Ní mise a coimeádaí.

ATURNAE 2. Bhí sin mar leithscéal ag deartháir eile, tráth. . . . . . Bhí comhluadar de do chuid féin agat agus níl a fhios agat cén chaoi a ndeachaigh do dheirfiúr abhaile.

LIAM. Níl.

ATURNAE 1. Bhí sí aosta a dóthain chun aire a thabhairt di féin, dar leat?

LIAM. Bhí sí tar éis an scoil a fhágáil agus . . . .

ATURNAE 1. Bhí sí aosta a dóthain chun an bóthar gearr a chur di ón teach scoile go dtí an baile, gan aon duine ag tabhairt aire di. Nach mar sin a bhí?

LIAM. Sea.

ATURNAE 1. Agus ní raibh sé ródhéanach san oíche. Cad a chlog a bhí sé nuair a bhí deireadh leis an rince? An raibh uair an mheán oíche ann?

LIAM. Rince sa teach scoile, an ea? Bíonn deireadh le gach rince acu ar a haon déag, ar bhuille na huaire.

ATURNAE 2. Thug tú do dheirfiúr chun an rince . . .

LIAM. Chuir mo mháthair d'fhiacha orm sin a dhéan-
amh . . . .

ATURNAE 2. D'fhág tú ansin í gan pháirtí agus gan a
fhios agat cén saghas comhluadair a bheadh aici.

LIAM. Ná bí ag iarraidh an milleán a chur ormsa. Níl a
fhios agam cad a tharla an oíche sin, agus ní
theastaíonn uaim a fhios a bheith agam . . .

BEITÍ. (*Í ag glaoch ó thaobh an stáitse*) A Liam. Nach
bhfuil tú ag teacht, a Liam?

*Imíonn Liam. Tagann buachaillí agus cailíní ar
an stáitse agus imíonn siad. Cloistear* 'Oíche
mhaith agat'. 'Slán leat' *etc., etc.*

RADHARC 3: MÁIRE AGUS PÁDRAIG AG SIÚL ABHAILE

PÁDRAIG. Suímis anseo ar an droichead. (*Déanann siad amhlaidh.*) Féach solas na gealaí ag déanamh airgead geal leáite d'uisce na habhann. . . . Oíche Bhealtaine. . . . . An bhfaigheann tú an chumhracht san aer? An sceach gheal agus an táthfhéithleann san fhál agus an t-airgead luachra sa mhóinéar. Féach mar atá na duilleoga ar bharr na gcrann go soilseach snasta. Tá gach aon duilleog acu ag glioscarnach mar a bheadh seoid d'airgead geal faoi sholas na gealaí.

MÁIRE. Is aoibhinn liom do chuid cainte!

PÁDRAIG. Ní mise a cheap an chaint sin, a chroí, ach fear níos fearr ná mé, file—file a bhí ann fadó. Agus dá mbeadh sé ann an uair sin ní bheadh sé ann anois. Ach dá mbeadh sé ann anois, dhéanfadh sé dán molta don chailín beag a bhfuil a scáil le feiceáil thíos san abhainn. Féach! Dhéanfadh sé dán do d'éadan geal leathan, do d'aghaidhín bheag mhómhar mar a bheadh aghaidh mná rialta ann. Agus dhéanfadh sé dán don mheangadh beag faiteach atá ar do bhéilín, agus don fhiántas atá folaithe i do dhá shúil. . . . Oíche Bhealtaine, a Mháire. Oíche álainn Bhealtaine. Oíche mar seo, a Mháire, cuireann sí maoithneas orm—maoithneas agus beagán cumha ... Nach ait mar a imríonn an saol an cluiche ar dhuine ... Dá bhféadfaimis breith ar an saol idir ár dhá láimh agus é a mhúnlú chun ár sástachta ... Tá tusa ag cuimhneamh ar dhul sna mná rialta?

MÁIRE. Sin é a deir mo mháthair.

PÁDRAIG. Bhí mise ag dul le sagartóireacht tráth. Bhí mé in ord rialta. Ach cuireadh as an gcoláiste mé ..... Is amhlaidh a tháinig an tAb orm agus toitín á chaitheamh agam ar chúl an fháil sa ghairdín. Chuir sé chun siúil mé.

MÁIRE. Agus gan aon ní déanta agat ach toitín a chaitheamh?

PÁDRAIG. Bhí an ceart aige. Fear ciallmhar a bhí ann. Thuig sé go maith nárbh í an tsagartóireacht an ghairm a bhí ceaptha ag Dia dom. Rinne sé an rud ceart.... Bhí oiliúint mhúinteora faighte agam san ord. Fuair mé post gan aon dua... Phós mé go luath ina dhiaidh sin.

MÁIRE. Tá tú pósta!

PÁDRAIG. Ó, sea, sin é an rud a dhéanann mo leithéidse i gcónaí. Ní túisce taobh amuigh den choláiste iad ná iad ag sodar chun na haltóra le cailín óg ... Phós mé Nóra ráithe tar éis dom an coláiste a fhágáil. Bhí mise trí bliana is fiche; bhí sise os a chionn sin go maith. Cailín álainn a bhí inti. Bhí rud éigin neamhshaolta ag baint léi, dar liom, cosúil leatsa, ... a Mháire.

MÁIRE. Cá bhfuil sí anocht? Cén fáth nach bhfuil sí ag
an rince?

PÁDRAIG. Níor fhéad sí teacht. Ní féidir léi rince . . .
Is beag dá fhios a bhí agam . . . Is amhlaidh a
bhí síol an ghalair á ghiniúint an uair sin féin
inti . . . . an galar a chloígh go luath í . . .
Galar gan leigheas é, a Mháire . . . . Níor fhéad
sí riamh a bheith ina bean chéile cheart dom.

infertile

MÁIRE. A Phádraig! . . .

PÁDRAIG. Ach tá túsa ró-óg chun na cúrsaí sin a
thuiscint . . . . Ró-óg agus ró-neamhurchóideach
. . . . Agus an dá shúil mhóra sin agat ag stánadh
orm . . . Tá réalta ar lasadh i ngach súil acu . . . .
Ní chun tú a iamh i gclochar a cuireadh ar an
saol thú, a Mháire . . . Ach cá fearr a bheith ag
caint air? Is maith uait éisteacht le scéal mo
bheatha á ríomh agam oíche ghealaí i ndiaidh
rince . . .

MÁIRE. Caithfidh mé dul abhaile. Beidh imní ar mo
mháthair. Fanfaidh sí ina dúiseacht go dtí go
bhfillfidh mé . . . . Oíche mhaith duit, a Phád-
raig, agus go raibh maith agat.

PÁDRAIG. Oíche mhaith agat. Ná hinis gach aon ní do
do mháthair.

RADHARC 4: FIANAISE NA MÁTHAR

Tagann AN MHÁTHAIR. *Téann sí ar a glúine agus tosaíonn ag guí. Sceitear an solas uirthi. Éiríonn sí.*

ATURNAE 2. Tusa Bean Uí Chathasaigh?

MÁTHAIR. Is mé .... Ach ní ormsa is cóir aon phioc den mhilleán a chur. Thóg mise go creidiúnach agus go críostúil í. Ba é toil Dé m'fhear céile a thógáil uaim. Saolaíodh an duine deireanach de mo chlann ráithe tar éis do m'fhear céile a fháil bháis. Fágadh mise i mo sclábhaí agus gan duine ann a thógfadh lámh chun cabhrú liom. Mo cheann agus mo dhroim crom ó mhaidin go hoíche ag obair agus ag luain dóibh. Agus cad tá agam dá bharr i ndeireadh na dála? Mé náirithe os comhair na gcomharsan. Iad ag síneadh a méara fúm agus ag magadh fúm má théim ar aonach nó ar mhargadh nó fiú chun an Aifrinn Dé Domhnaigh.

ATURNAE 2. Tuairim na gcomharsan is mó atá ag déanamh buartha duit.

MÁTHAIR. Ní mór dom mo shaol a chaitheamh ina measc.

ATURNAE 2. Fiafraím díot ar thaispeáin tú grá máthar nó carthanacht chríostaí do d'iníon nuair a bhí sí i dtrioblóid?

29

MÁTHAIR. Í féin a tharraing an trioblóid uirthi féin.

ATURNAE 2. An fíor gur dhein tú iarracht ar dheireadh a chur leis an ngin a bhí fós gan bhreith.

MÁTHAIR. Ní aon pheaca deireadh a chur le rud neamhghlan—rud a bhí mallaithe ag Dia agus ag duine . . . (*Í ag gol*). Chuir mé ar an gcailín sin an oiliúint is cóir a chur ar chailín Críostaí. Bhí sí le dul sna mná rialta. Ach ina ionad sin is amhlaidh a bhíodh sí ag éalú amach san oíche i dteannta duine nár inis sí a ainm ná a shloinne riamh dúinn.

Í ag gol agus í ag imeacht.

RADHARC 5: PÁDRAIG AGUS MÁIRE SA TEACH SCOILE

Feictear PÁDRAIG MAC CÁRTHAIGH, *é ag siúl síos suas go mífhoighneach. Féachann sé ar a uaireadóir.*

PÁDRAIG. (*Go mífhoighneach*) Tá sé a deich a chlog.

Tagann MÁIRE. *Saothar uirthi ó bheith ag rith.*

MÁIRE. Táim tagtha, faoi mar a gheall mé duit.

PÁDRAIG. Tá tú déanach.

MÁIRE. Bhí orm fanacht go dtí go ndeachaigh Mam a chodladh.

PÁDRAIG. An bhfaca aon duine ag teacht thú?

MÁIRE. Tháinig mé an cúlbhealach mar a dúirt tú liom.

PÁDRAIG. Mairg a bheadh ina mháistir scoile. Ba mhaith liom a fhógairt don saol gur mise do leannán agus gur tusa mo ghrá. Ach mo léir . . . . . Dá mbeadh a fhios ag an sagart tú a bheith ag teacht anseo chugam san oíche, ba ghairid an mhoill air bata agus bóthar a thabhairt dom, agus gur róchuma leis cad ba chor dom féin ná don té atá ina cleithiúnaí agam.

MÁIRE. Conas tá sí?

PÁDRAIG. Tá sí mar a bhíonn sí i gcónaí.

MÁIRE. (*Go támáilte*) Is minic mé á chuimhneamh go bhfuil éagóir á dhéanamh againn uirthi.

PÁDRAIG. Ná bí á cheapadh sin, a Mháire. Níl aon ní againn á thógáil uaithi ach an rud nach bhfuil

31

ag teastáil uaithi . . . . . Mura mbeadh tusa ní
fhéadfainn é a sheasamh. Bheadh orm imeacht
uaithi—ar fad. Tusa a thugann neart dóm le
cur suas léi féin agus lena cuid cnáimhseála.

MÁIRE. An bhean bhocht!

PÁDRAIG. Agus an fear bocht!

MÁIRE. Agus an fear bocht!

PÁDRAIG. Is olc mar a d'imir an saol an cluiche orm. . . .
Mura mbeadh tusa, rachainn as mo mheabhair.
Tugann tú neart dom agus foighne agus dóchas
i nDia agus i nduine.

MÁIRE. Pádraig bocht!

PÁDRAIG. Deir an dochtúir go mairfeadh sí go ceann
na mblianta eile.

MÁIRE. Blianta fada eile!

PÁDRAIG. Aigh, blianta de phurgadóireacht dom féin
agus dise . . . Mura mbeadh tusa, a Mháire! . . .
Mura mbeadh tusa! Gabhaim buíochas le Dia
gach maidin tusa a bheith agam. Abair arís é,
a Mháire. Abair go bhfuil grá agat dom.

MÁIRE. Tá grá agam duit, a Phádraig, agus beidh go
deo.

PÁDRAIG. Dá mbeadh a fhios ag an saol é, déarfaí gur
rud gránna, gur rud peacúil é seo eadrainn. Ná
creid é sin, a Mháire. Ná creid go deo é. Rud
álainn, rud beannaithe é. Ach caithfidh sé a
bheith ina rún eadrainn—Ná habair focal le
aon duine . . .

MÁIRE. Focal ní shleamhnóidh thar mo bhéal.

PÁDRAIG. Ná luaigh m'ainm le aon duine.

MÁIRE. Dá mbainfí an croí as mo lár istigh agus é a bhrú ina mhionphíosaí, ní déarfainn focal.

PÁDRAIG. Ná scríobh chugam ach oiread. Ní bheadh a fhios agat cé a gheobhadh an litir.

MÁIRE. Ní scríobhfaidh mé.

PÁDRAIG. Cad nach dtabharfainn ar neart a bheith dom é a fhógairt don saol . . . . Dá mbeinn saor, a Mháire, dá mbeinn saor chun tú a phósadh!

MÁIRE. Uis! Caithfimid gan cuimhneamh air sin. Is gránna agus is suarach an cuimhneamh againn é. Is peaca é.

PÁDRAIG. Ná tráchtar liom ar pheaca . . . Féach, a Mháire, bainfidh mé an fáinne seo de mo mhéar agus cuirfidh mé ar do mhéarsa é. Leis an bhfáinne seo déanaim tú a phósadh. . . . Anois, táimid pósta. Is tú mo bhean feasta. Is tú mo bhean chéile . . .

B

Confession

RADHARC 6: AN FHAOISTIN—LÁNMHÚCHADH SOILSE

Feictear MÁIRE *ar a glúine.*

MÁIRE. Beannaigh mé, a athair, mar do pheacaíos *Sorrow of* . . . trí mo choir féin, trí mo choir féin, trí mo mhórchoir féin . . . Táim ciontach, a athair . . .

SAGART. Caithfidh tú scaradh *must part* leis an té is ábhar peaca duit. Caithfidh tú scaradh leis glan amach, gan labhairt leis go deo arís.

MÁIRE. Ní féidir . . . . *I can't !*

SAGART. Cuimhnigh ar an bhfocal a dúirt ár Slánaith- *Saviour* eoir: 'má pheacaíonn do lámh dheas, bain díot anuas í. Is fearr a bheith gan lámh ná peaca a dhéanamh.'

MÁIRE. Ní féidir, a athair, ní féidir . . . . *solemly* *Gods*

SAGART. Mura ngeallann tú dom go sollúnta i láthair Dé go scarfaidh tú leis, ní féidir aspalóid a thabhairt duit . . . . *absolution*

MÁIRE *cromtha go talamh, gan focal aisti.*
Lánmhúchadh soilse.

RADHARC 7 : AN CHORÓIN MHUIRE

Feictear an líon tí ar a nglúine. Tá AN MHÁTHAIR *ann agus*
MÁIRE, LIAM *agus* SEÁN.

MÁTHAIR. A Mhaighdean rógheanmnaí
OMNES. Guigh orainn.
MÁTHAIR. A Mhaighdean gan truailliú
OMNES. Guigh orainn.
MÁTHAIR. A Mhaighdean a gineadh gan pheaca
Éiríonn MÁIRE *agus ritheann amach. Í ag gol.*
Stadtar den liodán.
MÁTHAIR. Cad tá uirthi sin? A Mháire! A Mháire! Ní
féidir an liodán a chríochnú anois. . . . Críoch-
naíodh gach aon duine a phaidreacha féin.
Téann AN MHÁTHAIR *amach. Í ag glaoch ar Mháire.*
A Mháire! A Mháire!
Éiríonn na buachaillí dá nglúine láithreach. Aimsíonn
SEÁN *a chuid leabhar agus tosaíonn ar staidéar a*
dhéanamh orthu. Éalaíonn LIAM *i dtreo an dorais.*
Tagann AN MHÁTHAIR *sula mbíonn sé d'uain aige*
éalú amach.
MÁTHAIR. Cá rachaidh tusa?
LIAM. Amach.
MÁTHAIR. Amach. Cén áit amach?
LIAM. Go teach na mBúrcach.
MÁTHAIR. Go teach na mBúrcach . . . . Nach ann a bhí
tú aréir?

35

LIAM. Cén díobháil é sin?

MÁTHAIR. Cén díobháil é sin? . . . An gá duit dul ann gach aon oíche sa tseachtain? . . . . Táim tar éis ceist a chur ort. An gá duit dul ann gach aon oíche sa tseachtain?

LIAM. Ní gá, is dócha.

MÁTHAIR. Ní gá, is dócha . . . . Cad is cúis leis an aguisín? Is gá nó ní gá.

LIAM. (Go dorrga) Ní gá.

MÁTHAIR. Ní gá; agus murar gá, cén fáth a bhfuil tú ag dul ann?

LIAM. Beidh comhluadar ann.

MÁTHAIR. Beidh comhluadar ann. Comhluadar Sheáinín de Búrca, agus a chlann iníon. An é sin an comhluadar atá uait? Comhluadar Bheití de Búrca . .

LIAM. Níl aon tóir agam ar Bheití de Búrca.

MÁTHAIR. Níl aon tóir agat ar Bheití de Búrca. Is maith liom an méid sin a chlos. Droch-chríoch a bhíonn ar na cúrsaí sin, a mhic, agus ar an dream a chleachtann iad. Ba é toil Dé mé a fhágáil i mo bhaintreach agus cúram clainne orm. Caithfidh mé a bheith mar athair agus mar mháthair ort in éineacht. Agus ní bheidh sé le cur i mo leith ag Dia ná ag duine go ndearna mé faillí i mo dhualgas daoibh. Is mó sin íobairt atá déanta agam ar bhur son, chun tabhairt suas agus múineadh a chur oraibh mar is ceart. Ach is gearr anois go mbeidh toradh gach íobairte

le fáil agam—Seán ina shagart, Máire sna mná
rialta, agus tusa, a mhic, i mbun na feirme. Tú
mar thaca agus mar shólás dom nuair a thioc-
faidh an aois orm. Anois caithfidh mé an cailín
sin a fháil agus cúpla focal a rá léi.
Imíonn sí.

SEÁN. An rachaidh tú amach?

LIAM. Nuair a bheidh sí imithe a chodladh.

SEÁN. Amach an fhuinneog a rachaidh tú?

LIAM. Cad eile?

SEÁN. Osclóidh mise an doras duit nuair a thiocfaidh
tú ar ais.

LIAM. Beidh tú i do chnap codlata agus tú ag srannadh
nuair a thiocfaidh mise ar ais.

SEÁN. An bhfuil tóir agat ar Bheití de Búrca, dáiríre?

LIAM. Cén mhaith dom tóir a bheith agam ar Bheití de
Búrca ná ar aon chailín eile agus mé faoi smacht
mo mháthar mar atáim.

SEÁN. Níl aon réasún le Mam.

LIAM. Níl uaithi ach go léifí ar fhógra a báis: "A leithéid
seo de lá, a leithéid seo de bhliain, cailleadh
Máiréad, Bean Uí Chathasaigh. Ise ba mháthair
do Sheán Ó Cathasaigh, sagart paróiste Bhaile i
bhfad síos, agus don Mháthair Columbán le
Muire, misiúnaí san Afraic."
Tagann AN MHÁTHAIR isteach.

MÁTHAIR. Níl Máire amuigh. Ní fheadar cá bhfuil sí.
Féachfaidh mé ina seomra. (*Imíonn sí.*)

LIAM. Níl a fhios agam i do thaobhsa, ach ní dóigh liom,

ar chuma éigin, go rachaidh Máire sna mná rialta.

SEÁN. Tá Mam ródhian uirthi. Tá sí dian orainn go léir, ach is déine í ar Mháire ná ar an mbeirt againne. Ní ligeann sí in áit ar bith í.

LIAM. Tá Máire athraithe le déanaí. Ní ghlacann sí Comaoineach Naofa maidin Dé Domhnaigh mar a dhéanadh. Agus chuala mé cúpla uair í ag dul amach tríd an bhfuinneog san oíche, mar a dhéanaim féin.

SEÁN. Is minic a bhíonn sí breoite. Bhí sí ag cur amach ar maidin. Bhagair sí orm gan aon ní a rá le Mam.

Tá AN MHÁTHAIR *sa doras gan fhios dóibh agus í ag éisteacht.*

MÁTHAIR. Cén ní a bhagair sí ort gan a insint dom?

SEÁN. Ní haon ní é.

MÁTHAIR. Inis an fhírinne dom, a mhic. Cén ní a bhagair sí ort gan a insint dom

SEÁN. Ní haon ní é . . . ach go raibh sí breoite . . . go mbíonn sí breoite go minic.

MÁTHAIR. (*Go mall*) Go mbíonn sí breoite go minic.

SEÁN. Ar maidin, ar aon nós. Agus ní ghlacann sí Comaoineach Naofa mar a dhéanadh.

MÁTHAIR. A Mhaighdean! Agus níl sí sa teach.

Tagann MÁIRE.

MÁTHAIR. Cá raibh tusa?

MÁIRE. Amuigh.

MÁTHAIR. Amuigh. Cá háit amuigh?

MÁIRE. Áit ar bith.

MÁTHAIR. Áit ar bith! Agus cé a bhí in éineacht leat?

MÁIRE. (*Go mall. Rian an ghoil uirthi*). Ní raibh aon
duine in éineacht liom. Ní raibh aon duine ag
an ionad coinne romham.

MÁTHAIR. Cad é seo mar gheall ar ionad coinne? Tá an
teach seo ag dul ó smacht. Ach ní rachaidh sibh
ó smacht mo láimhse. Tá mé ag dul go dtí mo
sheomra chun mo phaidreacha a chríochnú
agus chun a iarraidh ar Dhia na glóire mé a
neartú chun an t-ualach trom seo a leag sé orm
a iompar . . . mé mar mháthair agus mar athair
oraibh in éineacht. A Sheáin, is tusa an t-aon
duine amháin a bhfuil muinín agam as. Múch na
soilse nuair a bheidh do chuid oibre críochnaithe
agat. (*Imíonn sí*)

LIAM. (*Le* MÁIRE) Tá an oíche loite agat orm. (*Imíonn
sé.*)

Bailíonn SEÁN *a chuid leabhar le chéile. Múchann sé
an lampa agus tá sé ar tí imeachta nuair a ghlaoitear
air. Tagann an* CLÉIREACH *agus na h*ATURNAETHA.

CLÉIREACH. Seán Ó Cathasaigh.

ATURNAE I. Is tusa Seán Ó Cathasaigh?

SEÁN. Is mé.

ATURNAE I. Tusa an deartháir is óige ag an gcailín seo.

SEÁN. Is mé.

ATURNAE I. Tusa a sceith uirthi?

SEÁN. Cén leigheas a bhí agam air sin? Lean Mam do
mo cheistiú riamh is choíche go dtí go raibh orm

an fhírinne a insint di. Ar aon nós gheobhadh
Mam amach luath nó mall é.

ATURNAE 2. Ní róstuama ná róthuisceanach an tslí
inar inis tú an scéal cráite sin do do mháthair.

SEÁN. Dúirt mé leat—bhí Mam do mo cheistiú riamh
is choíche . . .

ATURNAE 2. Dúirt tú le do mháthair nach raibh do
dheirfiúr ag dul chun faoistine a thuilleadh, agus
nach raibh sí ag glacadh Comaoineach Naofa.

SEÁN. Dúirt.

ATURNAE 2. Agus dúirt tú le do mháthair go mbíodh do
dheirfiúr breoite go minic!

SEÁN. Dúirt.

ATURNAE 1. Ar thuig tú féin cad a bhí cearr léi?

SEÁN. Níor thuig mé i dtosach . . . go dtí gur thug Mam
fúithi . . . . agus . . . agus . . . ansin thuig mé . . .

ATURNAE 2. Bhí tusa ag dul le sagartóireacht?

SEÁN. Bhí—an uair sin.

ATURNAE 2. An ndearna tú aon iarracht ar ghrá Dé
nó ar charthanacht chríostaí a thaispeáint do do
dheirfiúr?

SEÁN. Cad a d'fhéadfainn a dhéanamh? Bhí mé idir
dhá thine acu.

ATURNAE 2. Sceith tú ar do dheirfiúr; agus an ndearna
tú aon iarracht ansin ar í a chosaint ar do
mháthair?

SEÁN. Cad a d'fhéadfainn a dhéanamh? (*É ag spriúchadh*)
Bhí an ceart ar fad aici. Tharraing sí siúd náire
orainn. Tharraing sí náire shaolta orainn i

láthair na gcomharsan. Loit sí an saol orainn.
Chiontaigh sí . . . Chiontaigh sí in aghaidh Dé.
Ba chóir a bheith dian uirthi. Bhí an ceart ag
Mam. Bhí an ceart ar fad aici.

I gcaitheamh na cainte seo tá MÁIRE *suite i lár an*
stáitse gan cor aisti. Imíonn na hATURNAETHA.
Tagann AN MHÁTHAIR. *Babhla ina lámh aici.*

MÁTHAIR. Seo! Ól é seo!

MÁIRE. Cén rud é?

MÁTHAIR. Deoch leighis. Deoch láidir. Socróidh sé sin
   thú, a chailín, agus mura socróidh, gheobhaidh
   tú steancán eile de amárach agus gach aon lá
   eile go dtí go ndéanfaidh sé beart duit.

Caitheann MÁIRE *an babhla uaithi gan an deoch a ól.*

MÁTHAIR. Nach caoch a bhí mé! A fhios ag gach aon
   duine sa pharóiste ach agam féin amháin . . . Cé
   hé féin? . . . Pé hé féin, caithfidh sé thú a phós-
   adh . . . Cé hé féin . . . Inis dom cé hé an fear . . .
   (*Greim aici uirthi agus í á croitheadh*). Fiafraím díot
   cé hé féin . . . Tá tú ceanndána chomh maith le
   bheith mígheanmnaí . . . Cé hé féin? Nach
   dtuigeann tú go gcaithfidh sé tú a phósadh . . .
   Mura bpósann sé tú beimid náirithe os comhair
   an pharóiste. Ní fhéadfaidh Seán a bheith ina
   shagart. Ní ligfear isteach i Maigh Nuad é.
   Inseoidh an sagart paróiste an scéal don easpag
   agus ní cheadófar do Sheán dul le sagartóireacht
   . . . Cé hé féin? Caithfidh sé thú a phósadh . . .
   Féadfaidh sibh imeacht go Sasana, in áit nach

mbeidh aithne ag aon duine oraibh . . . . Ní
bheidh a fhios ag aon duine cathain a shaolófar
an . . . .

Múchann an tocht an chaint uirthi. Tagann SEÁN
agus LIAM. *Beireann siad uirthi chun í a sheoladh
amach. Casann sí ag an doras.*

Mallacht ar an té a tharraing an náire seo anuas
orainn. Agus mallacht Dé anuas ortsa, a . . . .
striapach.

Imíonn siad.

MÁIRE. (*Í ina haonar*) A Phádraig, ní raibh tú romham
anocht mar a gheall tú . . . . Ní mórán a bheidh
agam choíche díot, a Phádraig, ach an méid atá,
ní scarfaidh mé leis go deo. Bhí an teach scoile
dubh dorcha, ach bhí an ghealach ag soilsiú ar
uisce na habhann faoi mar a bhí an oíche sin . . .
Oíche Bhealtaine. Rinne tú do chuid féin díom
an oíche sin, a Phádraig. Is leatsa ó shin mé, idir
anam agus chorp . . . Ní luafaidh mé d'ainm ná
ní scríobhfaidh mé chugat . . . An ród atá
romham caithfidh mé aghaidh a thabhairt air
i m'aonar.

*Imíonn sí. Cloistear an t-amhrán 'Siúil, a ghrá' ón
taobh amuigh.*

RADHARC 8: AN tSRÁID—DAOINE AG SIÚL SÍOS SUAS

Sceitear an solas ar an mBean Uasal.

CLÉIREACH. Bean Uí Chinsealaigh. Bean Uí Chinsealaigh.

ATURNAE I. Tusa Bean Uí Chinsealaigh?

BEAN UASAL. Is mé. Ach cad chuige é seo?

ATURNAE I. Chuir tú fógra ar an nuachtán á chur in iúl go raibh cailín aimsire ag teastáil uait.

B.UASAL. Ní cailín aimsire a dúirt mé ach 'cúntóir tís'. Ní mian le haon duine acu 'cailín aimsire' a thabhairt uirthi feasta.

ATURNAE I. Tháinig cailín ag cur isteach ar an bpost?

B.UASAL. Tháinig.

ATURNAE I. D'fhan sí sa teach agat go ceann ráithe.

B.UASAL. D'fhan.

ATURNAE I. Ansin thug tú rud éigin faoi deara.

B.UASAL. Thug.

ATURNAE I. Thug tú faoi deara go raibh sí ag iompar clainne.

B.UASAL. (*Go leamhnáireach*) Deir tú chomh tútach sin é . . . .

ATURNAE I. Thug tú faoi deara go raibh sí—trom?

B.UASAL. Thug.

ATURNAE I. Agus fuair tú dídean di i dTeach Tearmainn.

B.UASAL. Fuair.

43

ATURNAE 1. Go raibh maith agat.

ATURNAE 2. Cé mhéad duine clainne atá ort?

B.UASAL. Cúigear.

ATURNAE 2. Ar luaigh tú ar an bhfógra go raibh cúigear clainne ort?

B.UASAL. An dóigh leat gur óinseach mé? Dá luafainn, ní thiocfadh cailín ar bith chugam.

ATURNAE 2. Cé mhéad cailín a tháinig chugat ag freagairt an fhógra sin ar an nuachtán agat?

B.UASAL. Aon chailín amháin.

ATURNAE 2. Níor tháinig chugat ach an t-aon chailín amháin—an cailín sin atá anois á thriail os comhair na cúirte.

B.UASAL. Níor tháinig.

ATURNAE 2. An raibh teastas nó litreacha molta aici?

B.UASAL. Ní raibh.

ATURNAE 2. Ní raibh teastas ná litreacha molta aici. Mar sin féin rinne tú í a fhostú láithreach.

B.UASAL. Ní furasta cailíní a fháil na laethanta seo. Tá siad go léir ag dul go Sasana. Is déirc leis an mbean tí cailín de shórt ar bith a fháil.

ATURNAE 2. Tá cóip agam anseo den fhógra a bhí agat ar an nuachtán. (*Ag léamh an fhógra*) 'Cúntóir tís ag teastáil. Teach nua-aimseartha. Cead scoir go minic. Ceithre phunt sa tseachtain.' Fógra mealltach go maith . . . Cén tuarastal a thug tú di?

B.UASAL. Dúirt mé léi go dtabharfainn ardú di dá mbeadh sí sásúil.

ATURNAE 2. Agus an raibh sí sásúil?

B.UASAL. Ní raibh aon locht uirthi.

ATURNAE 2. An raibh sí glan, macánta, dícheallach?

B.UASAL. Bhí.

ATURNAE 2. An raibh sí ciúin, dea-iompair?

B.UASAL. Bhí.

ATURNAE 2. An raibh na páistí ceanúil uirthi?

B. UASAL. B'fhéidir go raibh.

ATURNAE 2. Ar chuir siad riamh in iúl go raibh cion acu uirthi?

B. UASAL. B'fhéidir gur chuir.

ATURNAE 2. Ní raibh aon locht agat uirthi féin ná ar a cuid oibre?

B. UASAL. Ní raibh.

ATURNAE 2. Agus cén tuarastal a bhí agat á thabhairt di?

B. UASAL. Dúirt mé léi go dtabharfainn ardú di i gceann tamaill dá mbeadh sí sásúil.

ATURNAE 2. Freagair an cheist. Cén tuarastal a bhí agat á thabhairt di?

B. UASAL. Dhá phunt is deich scilling sa tseachtain.

ATURNAE 2. Dhá phunt is deich scilling sa tseachtain, cé gur thairg tú ceithre phunt san fhógra a bhí agat ar an nuachtán.

B. UASAL. Thabharfainn an méid sin do chailín a bheadh traenáilte oilte, do chailín a mbeadh teastais ar fónamh aici. Ach ní raibh litir ná teastas ag an gcailín sin. Cárbh fhios dom ná gur coirpeach í?

ATURNAE 2. Ní raibh a fhios agat ná gur coirpeach í. Mar sin féin rinne tú í a fhostú.

B.UASAL. Is deacair cabhair a fháil le haghaidh na
cistine, go mór mór má bhíonn leanaí óga sa
teach. Ní féidir le duine a bheith mionchúiseach
na laethanta seo.

ATURNAE 2. Bhí sí ag obair duit go dúthrachtach
dícheallach ar feadh ráithe, agus ansin thug tú
an bóthar di.

B. UASAL. Cén leigheas a bhí agam air? Tá clann iníon
agam. Ní fhéadfainn iad a fhágáil i mbaol
caidrimh lena leithéid. Cad a déarfadh na
comharsana? Cad a déarfadh na cailíní eile ar
scoil? Cad a déarfadh na mná rialta?

ATURNAE 2. Dúirt tú liom ó chianaibh nach raibh a
fhios agat, agus tú á fostú, ná gur coirpeach í. Ba
chuma leat. Ba chuma leat caidreamh a bheith
ag do chlann iníon le coirpeach. Ach chomh
luath agus a fuair tú amach í a bheith ag iompar
clainne thug tú an bóthar di.

B. UASAL. Tá mo chuid cainte á casadh agat . . . .

ATURNAE 2. Níl aon cheist eile agam le cur ar an bhfinné.

ATURNAE 1. An fíor gur thug tú an bóthar di chomh
luath agus a fuair tú amach í a bheith ag iompar
clainne?

B. UASAL. Thug mé fógra seachtaine di. Ach labhair
mé le duine de mo chairde mar gheall uirthi.

ATURNAE 1. Agus fuair do chara áit di sa Teach
Tearmainn?

B. UASAL. Fuair.

ATURNAE 1. Go raibh maith agat.

RADHARC 9: TAE SA RÁTH GARBH.

Cloistear clog an dorais á bhualadh.

B. UASAL. Oscail an doras, a Mháire.
    Déanann MÁIRE amhlaidh.

OIBRÍ SÓISIALTA. (*Ag an doras*) An bhfuil Bean Uí Chinsealaigh istigh?

MÁIRE. (*Leis AN mBEAN UASAL*) Tá bean uasal ag an doras, a . . . a bhean uasal.

B. UASAL. Seol isteach í.
    Tagann AN tOIBRÍ SÓISIALTA.

B. UASAL. Is áthas liom tú a fheiceáil, a Áine. Táim buartha, an-bhuartha.

OIBRÍ S. Cén bhuairt atá ort? Ní hamhlaidh atá aon duine de na páistí breoite?

B. UASAL. Tá na páistí go seamhrach, buíochas le Dia. Ach bí i do shuí. Olfaidh tú tae. (*Dáileann sí tae uirthi. Ólann an bheirt an tae. Iad ag ardú agus ag ísliú na gcupán ar aon uaim le chéile*). Táim buartha faoi Mháire, faoin gcailín aimsire atá agam.

OIBRÍ S. An cailín deas sin a d'oscail an doras dom?

B. UASAL. Ar thug tú aon ní faoi deara?

OIBRÍ S. Níor thug.

B. UASAL. Bhuel, tá rud éigin le tabhairt faoi deara . . . . Caithfidh mé an bóthar a thabhairt di. Ní féidir í a choinneáil sa teach . . . M'fhear céile agus na páistí. Níl a fhios ag m'fhear céile

47

fós é. Tá ardmheas aige uirthi. Agus tá na páistí an-cheanúil uirthi. Ach ní dhéanfadh sé an gnó í a choinneáil sa teach a thuilleadh. Agus ní mian liom í a chaitheamh amach ar thaobh an bhóthair . . . .

OIBRÍ S. An bhfuil cairde aici?

B. UASAL. Ní dóigh liom go bhfuil. Ní fhaigheann sí litreacha. Ní ghlaonn aon duine uirthi ar an bhfón. Ní théann sí amach puinn, ach amháin ag siúl leis na páistí.

OIBRÍ S. (*Iarracht de thrua aici don chailín*) Ní foláir nó tá saol uaigneach go maith aici.

B. UASAL. Is tubaisteach an scéal é . . . Tá sí an-mhaith leis na páistí. Beidh brón orthu nuair a imeoidh sí.

OIBRÍ S. Caithfidh tú í a chur chun siúil?

B. UASAL. Níl aon dul as agam. Ba mhaith liom í a imeacht sula dtarraingeoidh sí náire orainn. Nach bhféadfása tearmann a fháil dí in áit éigin.

OIBRÍ S. Beidh agallamh agam léi, ar aon nós, féachaint cad is féidir a dhéanamh.

B. UASAL. Glaofaidh mé uirthi. A Mháire!

(*Tagann* MÁIRE.) Is í seo Iníon Uí Bhreasail. Oibrí sóisialta í.

Ba mhian léi comhrá a bheith aici leat . . . .

(*Leis* AN OIBRÍ S.) Beidh mé sa seomra bia nuair a bheidh deireadh ráite agaibh.

Imíonn AN BHEAN UASAL.

OIBRÍ S. Suigh, a Mháire. Níl d'ainm **agam** ort ach Máire. Cad is sloinne duit?

MÁIRE. Ó . . . a . . Ní Bhriain. Máire Ní Bhriain is ainm agus is sloinne dom.

OIBRÍ S. Cad as duit, a Mháire?

MÁIRE. (*Ach ní go drochmhúinte é*) Cad é sin duitse?

OIBRÍ S. Níl uaim ach eolas do na cuntais . . . Ach is cuma. An bhfuil do mháthair ina beatha?

MÁIRE. Cén fáth a bhfuil tú do mo cheistiú mar seo?

OIBRÍ S. Mar gur mian liom cabhrú leat. Ní fada uait an uair a bheidh gá agat le cabhair. Nach mar sin atá an scéal? . . . . Oibrí sóisialta mé. Is é gnó a bhíonn agam ná ag plé le cailíní bochta de do leithéidse.

MÁIRE. An amhlaidh a chuir bean an tí fios ort?

OIBRÍ S. Tuigeann tú féin, a Mháire, nach bhféadfaidh sí thú a choinneáil a thuilleadh sa teach seo.

MÁIRE. Imeoidh mé láithreach. (*Éiríonn sí chun imeachta.*)

OIBRÍ S. Cá rachaidh tú? . . . . An bhfuil cairde agat sa chathair seo? (*Croitheann* MÁIRE *a ceann*) . . . Féach, a Mháire, nach rachfá abhaile chun do mhuintire.

MÁIRE. B'fhearr liom mé féin a bhá san abhainn.

OIBRÍ S. An bhfuil a fhios ag do mhuintir conas tá an scéal agat? . . . . Tuigim. Is amhlaidh a d'éalaigh tú ón mbaile . . .An bhfuil a fhios ag do mhuintir cá bhfuil tú? . . . B'fhéidir go bhfuil siad buartha mar gheall ort agus gan a fhios acu cá bhfuil tú.

MÁIRE. Is róchuma le cuid acu.

OIBRÍ S. Ná habair é sin. Déarfainn go bhfuil do mháthair buartha mar gheall ort.

MÁIRE. Is beag aithne atá agat ar mo mháthair.

OIBRÍ S. Ní rachaidh tú abhaile. (*Croitheann* MÁIRE *a ceann.*) Mar sin caithfidh mé áit a fháil duit go dtí (*casacht bheag*) go dtí go mbeidh do thriob-lóid curtha díot agat. An rachfá isteach i dTeach Tearmainn?

MÁIRE. Cén saghas áite é sin?

OIBRÍ S. Teach é ina dtugtar tearmann do chailíní mar tú féin. Tugtar lóistín agus bia dóibh agus aire dochtúra agus banaltracht nuair a thagann an t-am chuige. Labhróidh mé leis an Mátrún láithreach agus féadfaidh tú dul isteach ann go luath. Beidh na cailíní eile mar chomhluadar agat agus tabharfar beagán oibre duit le déan-amh—rud a choinneoidh gnóthach thú ionas nach mbeidh tú ag machnamh an iomad ort féin. Agus ansin, ar ball (*casacht bheag*) gheofar post duit agus féadfaidh tú tosú as an nua ar fad. Beidh mar a bheadh saol nua á oscailt amach romhat. Ní gá duit féachaint siar go deo ach dearmad a dhéanamh de na cúrsaí truamhéileacha seo.

Imíonn MÁIRE. *Tá* INÍON UÍ BHREASAIL *ar tí imeachta nuair a ghlaoitear uirthi ina hainm.*

CLÉIREACH. Áine Ní Bhreasail. Áine Ní Bhreasail.

ATURNAE I. A Iníon Uí Bhreasail, de bharr an agall-aimh sin fuair tú áit don chailín i dTeach Tearmainn.

OIBRÍ S. Fuair. Rinne mé tathaint uirthi dul abhaile chun a muintire féin, agus nuair nach rachadh sí, fuair mé áit di sa Teach Tearmainn.

ATURNAE 1. Níor thug sí aon eolas duit i dtaobh a muintire?

OIBRÍ S. Focal ní inseodh sí dom mar gheall orthu. Ní inseodh sí dom, fiú amháin, cén contae arbh as di.

ATURNAE 1. Ionas nach raibh le déanamh agat ach an rud a rinne tú—áit a fháil di sa Teach Tearmainn.

OIBRÍ S. Rinne mé mo dhícheall di, ach bhí sí stuacach ceanndána.

ATURNAE 1. An ndeachaigh tú chun an Árais á feiceáil ina dhiaidh sin?

OIBRÍ S. Chuaigh, ach bhí sí stuacach ceanndána i gcónaí.

ATURNAE 1. An ndearna tú caint leis an Mátrún mar gheall uirthi?

OIBRÍ S. Rinne, go minic.

ATURNAE 1. Cén tuairisc a thug an Mátrún mar gheall uirthi?

OIBRÍ S. Dúirt sí go raibh sí ciúin dea-iompair, ach í a bheith dúr neamhchainteach inti féin.

ATURNAE 2. Ar cheap tú ag an am go raibh an rud ceart á dhéanamh agat nuair a chuir tú an cailín sin isteach sa Teach Tearmainn?

OIBRÍ S. Bhí mé lándeimhneach de. Ní fhéadfainn í a chur in áit níos fearr.

ATURNAE 2. Agus níor tháinig tú ar mhalairt aigne ó
 shin?

OIBRÍ S. Cén fáth a dtiocfainn?

ATURNAE 2. Is dóigh leat fós nach bhféadfadh sí a
 bheith in áit níos fearr.

OIBRÍ S. Táim lándeimhneach de.

ATURNAE 2. Níl aon cheist eile agam le cur ar an
 bhfinné.

RADHARC 10: AN SEOMRA NÍOCHÁIN SA
TEACH TEARMAINN

Tá scata CAILÍNÍ *i láthair—cuid acu ag iarnáil, cuid acu ag*
filleadh na n-éadaí iarnáilte agus á gcur i gciseáin mhóra.
MÁIRE *ina suí i leataobh uathu. Í ag fuáil.* *sewing*

DAILÍ. (*Í ag cuimilt láimhe dá héadan*) Tá sé te.

PAILÍ. Tá sé chomh te le hifreann. *hell*

MAILÍ. An áit a bhfuil ár dtriall, de réir an tseanmóirí
a bhí againn an tseachtain seo caite.

DAILÍ. An teas! Cad nach dtabharfainn ar bhuidéal de
rud éigin fónta.

PAILÍ. (*Ball de chneaséadach á ardú aici*) Féach drárs an
mhinistéara.

NÁBLA. Tá poll ann.

MAILÍ. Ba chóir sin a dheisiú sula gcuirfí amach é.

PAILÍ. Deisíodh a bhean dó é.

DAILÍ. Tá bean aige, rud nach bhfuil ag an sagart
paróiste, an fear bocht!

PAILÍ. (*Ag an bhfuinneog*) Tá fear ag teacht.

OMNES. Fear!

Preabann siad go léir chun na fuinneoige.

DAILÍ. Níl ann ach Seáinín an Mhótair.

NÁBLA. Cé a dúirt go raibh fear ag teacht?

PAILÍ. Tá bríste air, nach bhfuil?

MAILÍ. Is deacair a rá na laethanta seo cé air a mbíonn
bríste, agus cé air nach mbíonn.

Tagann SEÁINÍN AN MHÓTAIR—*firín feosaí meán-aosta. Cruinníonn cuid de na* CAILÍNÍ *ina thimpeall, á ghriogadh. Iad ag labhairt le chéile, beagnach.*

MAILÍ. Is é do bheatha chugainn, a Sheáinín, a lao liom.

PAILÍ. An bhfuil aon scéal nua agat, a Sheáinín?

DAILÍ. Ar tharla aon ní suaithinseach sa chathair?

MAILÍ. Bás?

PAILÍ. Nó bascadh?

DAILÍ. Nó timpiste?

MAILÍ. Pósadh?

PAILÍ. Nó baisteadh?

DAILÍ. Nó sochraid?

MAILÍ. Scéal ar bith a thógfadh ár gcroí.

PAILÍ. Eachtraigh dúinn, a Sheáinín.

SEÁINÍN. Níl aon scéal agam, ach go bhfuil deifir orm, agus ní scéal nua é sin, ach seanscéal.

MAILÍ. Bíodh trua agat dúinn.

PAILÍ. Bíodh croí agat.

DAILÍ. Fan farainn go fóill.

MAILÍ. Ní fheicimid gnúis fir ó cheann ceann na seachtaine.

PAILÍ. Ach do ghnúisín sheargtha féin.

MAILÍ. Is cuma nó clochar ban rialta sinn.

SEÁINÍN. Is sibh na mná rialta nár bheannaigh Dia ná duine.

OMNES. Á, ná bí dian orainn. Bíodh croí agat, etc.

SEÁINÍN. (*É ag féachaint ar* MHÁIRE) Cé hí seo?

OMNES. Máire Ní Bhriain. Ná bac léi.

SEÁINÍN. (*Le* MÁIRE) Cailín deas tusa, cailín deas óg.

Nóinín i measc na neantóg.

MAILÍ. Mo ghraidhin thú, a Mháire Ní Bhriain. Tá
Seáinín an Mhótair cloíte agat.

SEÁINÍN. Mholfainn duit, a Mháire Ní Bhriain, tú féin
a sheachaint orthu seo. Ní hé do leas a dhéanfaidh
siad.

NÁBLA. Ná tabhair drochainm orainn i láthair an
chailín tuaithe.

SEÁINÍN. Tugaigí na beartáin sin dom agus ligigí dom a
bheith ag imeacht.

MAILÍ. Dhera, tóg bog é.

PAILÍ. Lá dár saol é.

DAILÍ. Cén deabhadh atá ort?

SEÁINÍN. Má fhanaim thar chúig nóiméad anseo ní
bheidh an Mátrún buíoch díom.

MAILÍ. Dhera, bíodh an diabhal aici!

PAILÍ. (*Í á ghriogadh*) Á, fan farainn go fóill, a Sheáinín,
a lao.

SEÁINÍN. Bog díom. Nach minic a dúirt mé leat go
bhfuil bean agus clann agam sa bhaile.

NÁBLA. Mo ghraidhin í, bean Sheáinín!

OMNES. (*Iad ag canadh*):

Táimidne tuirseach tréith,
Is muid ag obair gan aon phá
Táimidne tuirseach tréith
Is muid ag sclábhaíocht gach lá.
Ach nuair a thagann sé féin
Elvis Presley na nGael
Is ea a thosaíonn an rí rá!

SEÁINÍN. Ligtear as seo mé. Ní haon áit d'fhear Críostaí é seo.

MAILÍ. Ná do Bhráthair Críostaí.

PAILÍ. An bhfuil tú ag cuimhneamh ar dhul sna Bráithre, a Sheáinín?

DAILÍ. Conas a rachadh sé sna Bráithre agus bean agus clann aige sa bhaile.

PAILÍ. Mairg nach mbeadh bean agus clann ar leac an tinteáin aige.

SEÁINÍN. Tugtar na beartáin sin dom, in ainm Dé.

MAILÍ. Seo duit iad, a Sheáinín. Níor mhaith linn an Mátrún a bheith anuas ort.

(*Tugtar na beartáin do* SHEÁINÍN *agus imíonn sé*)

OMNES. Lá maith agat, a Sheáinín. Lá maith agat agus go n-éirí an t-ádh leat, *etc.*

MAILÍ. Bhuel, bhuel, féach an scargáinín sin, nach bhfuil ann ach an ceathrú cuid d'fhear, agus nach mór an tógáil croí a thug tamall dá chomhluadar dúinn.

PAILÍ. (*Le* MÁIRE) Tá tusa an-chiúin.

MÁIRE. (*Go támáilte*) Níl aon ní le rá agam.

MAILÍ. Sin é an uair is mó is ceart caint a dhéanamh. Nuair a bhíonn an croí lán níl aon ghá le caint chun an tocht a chur díot.

PAILÍ. Ní hé an croí atá lán ag an gcuid is mó againn.

MAILÍ. I gceann cúpla lá eile beidh droim láimhe á thabhairt agam don áit seo.

MÁIRE. Cá rachaidh tú?

MAILÍ. Tá altramaí faighte agam agus cead mo chos
agam dá réir.

MÁIRE. Cad is altramaí ann?

MAILÍ. Cad is altramaí ann? Nach glas an breac tú!
Is é an t-altramaí an duine is tábhachtaí san
áit seo.

PAILÍ. Altramaí is ea lánúin phósta, lánúin chreidiúnach
atá pósta go dlúth agus go dleathach—lánúin
nach bhfuil clann dá gcuid féin acu agus atá
toilteanach páiste mná eile a thógáil, i leith is
gurb é a ngin féin é. Sin é a fhad ar a ghiorracht
duit, a óinsín tuaithe.

MAILÍ. Mo ghraidhin iad!

MÁIRE. Cé hiad na haltramaithe atá faighte agatsa, a
Mhailí?

MAILÍ. Éist leis an óinsín tuaithe. Ceann de rialacha na
haltramachta gan aon aithne a bheith ag na
haltramaithe ar an máthair, ná aici orthu.

MÁIRE. Níl a fhios agat cé hiad féin.

MAILÍ. Níl agus gan freagra gairid a thabhairt ort, a
chailín, is róchuma liom.

MÁIRE. (Í ag leanúint siar ar an scéal d'fhonn é a thuiscint ina
cheart):
Ní bheidh a fhios agat cé dóibh a dtabharfar do
leanbh?

MAILÍ. Ní bheidh.

MÁIRE. Ná ní bheidh a fhios agat conas a iompóidh sé
amach?

MAILÍ. Ní bheidh.

MÁIRE. (*An t-uafás ag méadú uirthi*) Ní bheidh a fhios agat
cé acu beo nó marbh é . . . B'fhéidir go gcasfaí
ort sa tsráid é amach anseo, agus gan a fhios agat
gurb é a bheadh ann. . . . Cén díobháil ach
leanbh chomh gleoite leis!

MAILÍ. (*Í ag spriúchadh*) Éist do bheal, a óinsín.

PAILÍ. Níl aon eolas ar na cúrsaí seo agat.

NÁBLA. Mura bhfuil, is gearr go mbeidh.

DAILÍ. (*Le* MAILÍ) Ar thairg an tOibrí Sóisialta (*béim
shearbhasach ar an ainm aici*), ar thairg sí obair duit?

MAILÍ. Thairg, im briatharsa.

DAILÍ. Cén obair í?

MAILÍ. Post mar "chúntóir tís" i dteach mná dá lucht
aitheantais.

PAILÍ. Cad a dúirt tú léi?

MAILÍ. Dúirt mé léi go raibh mé buíoch di, ach gurb
eol dom slite is boige chun airgead a thuilleamh
ná a bheith ag sclábhaíocht ar feadh dhá uair an
chloig déag sa ló.

PAILÍ. Obair chrua is ea an tíos.

NÁBLA. Go mór mór don té nach bhfuil taithí aici ar a
bheith ina seasamh.

PAILÍ. Cén uair a bheidh tú ag fágáil, a Mhailí?

MAILÍ. Aon lá feasta. Níl le déanamh ach na cáipéisí
a shíniú agus beidh sé ina mhargadh.

DAILÍ. Faoi láimh agus faoi shéala.

NÁBLA. Agus faoi bhrí na mionn.

MÁIRE. (*Í mar a bheadh sí ag brionglóideach*) Agus ní
leagfaidh tú súil ar do leanbh go brách arís.

MAILÍ. (*Go bagrach*) Éist do bhéal.

Cúbann MÁIRE *roimpi.*

NÁBLA. Beidh mise ag fágáil an tseachtain seo chugainn.

DAILÍ. Cailleadh do leanbhsa.

NÁBLA. Bhí an t-ádh air, an bastairdín bocht.

MÁIRE. (*Í mar a bheadh sí ag brionglóideach*) Agus ní fheicfidh tú do leanbh go deo arís.

MAILÍ. (*Fearg uirthi*) Féach, a chailín, bíodh a fhios agat go bhfuil nithe ann nach ndéantar trácht orthu. Cúrsaí cúirtéise agus dea-bhéasa é sin, tá a fhios agat. Cuimhnigh air sin.

Sos beag. Tá MÁIRE *fiosrach fós. Is mian léi tuilleadh eolais a fháil.*

MÁIRE. (*Go támáilte, le* MAILÍ) Cá rachaidh tú nuair a fhágfaidh tú an áit seo?

MAILÍ. (*Í ag caochadh a súile ar an gcuid eile*) Beidh post agam i monarcha. Beidh árasán de mo chuid féin agam.

MÁIRE. Cén tuarastal a thugtar do chailíní sna monarchana?

MAILÍ. Punt sa ló, ar a laghad.

MÁIRE. Sin sé phunt sa tseachtain.

NÁBLA. Seacht.

MÁIRE. Ach ní bheifeá ag obair ar an Domhnach.

NÁBLA. Dá bheannaithe an lá is ea is beannaithe an gníomh.

MAILÍ. (*Go cineálta le* MÁIRE) Óinsín cheart thú. Ach ar a shon sin is uile, táim ceanúil ort. Féadfaidh tú teacht do m'fheiceáil nuair a bheidh cead do chos agat ón áit seo.

MÁIRE. San árasán a bheidh agat?

MAILÍ. Cad eile?

MÁIRE. Agus feicfidh mé an obair a bheidh ar siúl agat.

NÁBLA. Feicfidh tú, cinnte, má théann tú á feiceáil.

PAILÍ. An siúlfaidh tú isteach i mo pharlús, arsa an damhán alla, tráth.

DAILÍ. Tabhair aire duit féin nach mbéarfaidh damhán alla mór gránna ort. (*Í ag déanamh geáitsí, mar dhea.*)

MAILÍ. Misc i mbannaí duit go dtabharfaidh mise togha na haire nach mbéarfar ormsa arís, ná bíodh aon phioc dá mhearbhall ort.
Buailtear an clog.

PAILÍ. An tae, buíochas le Dia.

DAILÍ. Agus mar a bheadh an nimh ar an aithne, seo chugainn Áine an Bhéil Bhinn.

OMNES. Á nó!

MÁIRE. Cé hí Áine an Bhéil Bhinn?

MAILÍ. Oibrí Sóisialta a thugann sí uirthi féin.

MÁIRE. Ise a chuir isteach anseo mé.

MAILÍ. Conas a fuair sí greim ort?

MÁIRE. Bhí sí cairdiúil leis an mbean a raibh mé ar aimsir ina teach.

NÁBLA. Aire daoibh! Tá sí chugainn.

MAILÍ. Is fearr domsa í a sheachaint. Beidh sí i mo dhiaidh má chloiseann sí mé a bheith ag imeacht.
Ritheann MAILÍ *as an seomra. Leanann a thuilleadh acu í. Seasann cuid acu an fód. Tagann* AN tOIBRÍ SÓISIALTA.

OIBRÍ S. Dia anseo isteach.

OMNES. Dia's Muire duit, a Iníon Uí Bhreasail!

OIBRÍ S. (*Cairdiúlacht bhréige ina cuid cainte*) Ná fanaigí ag caint liomsa. Tá an tae ullamh. (*Imíonn na Cailíní*) Fansa siar nóiméad, a Mháire. Ba mhaith liom labhairt leat. Ní choinneoidh mé thar nóiméad thú. Tá scéal maith agam duit. Tá Bean Uí Chinsealaigh toilteanach glacadh leat arís ina teach, anois (*casacht bheag*) anois ó tá do thrioblóid curtha díot agat.

MÁIRE. Agus cad mar gheall ar m'iníon?

OIBRÍ S. Sin dea-scéal eile atá agam duit. Tá altramaithe faighte agam do do leanbh.

MÁIRE. Altramaithe?

OIBRÍ S. Daoine creidiúnacha macánta. Tá buanphost ag an bhfear agus tuarastal aige dá réir. Beidh siad go maith do do leanbh. Ní fhaca siad fós í, ach táim deimhneach de go mbeidh siad sásta léi. Cailín beag atá uathu, rud is annamh. Garsúin a bhíonn ó na haltramaithe de ghnáth. Cailín beag sláintiúil do leanbh, a deir an dochtúir. Scrúdaigh sé inné í.

MÁIRE. Ní raibh a fhios agam gur chuige sin an scrúdú.

OIBRÍ S. Deir an dochtúir nach bhfuil easpa ná máchail uirthi.

MÁIRE. Go deimhin féin níl easpa ná máchail uirthi.

OIBRÍ S. Ní bheidh le déanamh ach na cáipéisí a shíniú agus ní bheidh a bhac ar na tuismitheoirí í a thabhairt leo.

MÁIRE. Ní hiad sin a tuismitheoirí. Is mise a máthair. Níl aon tuismitheoir eile aici.

OIBRÍ S. Beidh tuismitheoirí aici feasta—daoine creidiúnacha . . .

MÁIRE. Agus ní fheicfidh mé go deo arís í.

OIBRÍ S. Beidh tuismitheoirí aici a thabharfaidh grá di . . . .

MÁIRE. Ní mian liom aon duine do thabhairt grá do mo leanbh ach mé féin amháin . . . Ba mhian liom í a fheiceáil ag fás. Ba mhian liom gúnaí deasa a dhéanamh di, í a ghléasadh go péacógach. Ba mhaith liom. . . . .

OIBRÍ S. Ba mhaith leat do leanbh a bheith agat mar bhábóg. Tú ag súgradh léi agus á gléasadh. Ach caithfidh tú cuimhneamh ar leas do linbh. Má choinníonn tú féin í, cad a bheidh i ndán di, ach í a dhul ar bhealach a haimhleasa.

MÁIRE. Mar a chuaigh a máthair, is mian leat a rá.

OIBRÍ S. Ní hé sin é, ach . . .

MÁIRE. (*Go baothdhána*) An mbeadh Bean Uí Chinsealaigh sásta an bheirt againn a bheith sa teach aici?

OIBRÍ S. Tusa agus . . . . .? Ní fhéadfainn é sin a iarraidh uirthi. Tá clann iníon dá cuid féin aici.

MÁIRE. An amhlaidh is dóigh léi go ndéanfadh m'iníonsa truailliú ar a cuidsean?

OIBRÍ S. Ní hé sin é. Ach . . . ach . . . bímis réadúil i dtaobh na gcúrsaí seo. Ní hamhlaidh a bheifeá ag súil go ligfeadh bean chreidiúnach leanbh

tabhartha isteach ina teach i dteannta a clann
iníon féin.

MÁIRE. Nach maith go bhfuil na haltramaithe sásta í a
ligean isteach ina dteach.

OIBRÍ S. Sin scéal eile.

MÁIRE. Ní léir domsa sin.

OIBRÍ S. Is mór an chreidiúint duit oiread sin grá a
bheith agat do do leanbh, ach caithfidh tú a
bheith ciallmhar, réasúnta.

MÁIRE. Mura bhfuil mo leanbh maith a dóthain do
Bhean Uí Chinsealaigh níl mise maith a dóthain
di. Ní baol go ndéanfainn truailliú uirthi féin ná
ar a clann iníon.

OIBRÍ S. (*Í ag osnaíl le mífhoighne*) Bíodh ciall agat, a
chailín. Féach. Tiocfaidh an dlíodóir. Ní bheidh
le déanamh agat ach d'ainm a chur leis na
cáipéisí agus ní iarrfar a thuilleadh ort. Beidh
cead do chos agat agus neart duit dul in aon áit
is mian leat.

MÁIRE. Gan mo leanbh a fheiceáil go deo arís.

OIBRÍ S. Tá tú gan aon réasún. Cuimhnigh ar na
tuismitheoirí . . . .

MÁIRE. (*Go fíochmhar*) Is mise an t-aon tuismitheoir . . . .

OIBRÍ S. Na haltramaithe, a mheas mé a rá. Ba mhian
leo gur leo féin an leanbh.

MÁIRE. Bhuel, ní leo. Ní chuirfidh mise m'ainm le
haon cháipéis a bhéarfadh uaim mo leanbh.

OIBRÍ S. Cad a dhéanfaidh tú, más ea?

MÁIRE. Gheobhaidh mé obair i monarcha. Beidh árasán de mo chuid féin agam.

OIBRÍ S. Is stuacach, ceanndána an cailín tú. Níl uait ach do thoil féin a bheith agat, gan cuimhneamh ar leas do linbh. . . Féach, a Mháire, impím ort cuimhneamh ort féin agus féachaint romhat. Ní haon dóichín do chailín óg leanbh tabhartha a bheith aici. B'fhéidir go gcasfaí fear ort amach anseo a bheadh sásta thú a phósadh.

MÁIRE. Mura mian leis glacadh le mo leanbh chomh maith liom féin, ní bheidh agam le rá leis ach an t-aon fhocal amháin: 'Tabhair do bhóthar ort!'

BRAT

GNÍOMH 2

RADHARC 1: AN MHONARCHA

Feictear BAINISTEOIR NA MONARCHAN. *Fear cainteach é a bhfuil fíorois agus figiúir ar bharr a theanga aige. Ach is fear lách, dea-chroíoch é.*

ATURNAE 1. Tusa bainisteoir na monarchan seo?

BAINISTEOIR. Is mé.

ATURNAE 1. Fuair an cailín seo—Máire Ní Chathasaigh —post uaitse.

BAINISTEOIR. Fuair sí post uaim sa mhonarcha.

ATURNAE 2. Cén tuarastal a bhí agat á thabhairt di?

BAINISTEOIR. Trí phunt sa tseachtain.

ATURNAE 2. Trí phunt sa tseachtain. Ní mór é chun bean agus leanbh a chothú. ᴺᴼᵁᴿ ᴵˢ ᴴ

BAINISTEOIR. Is mó é ná an gnáthráta pá dá leithéidí. Dhá phunt deich an gnáthráta. Níl sin ró-olc don bhean nach mbíonn ag obair ach dhá uair a chloig sa ló, cúig lá sa tseachtain. Sin deich n-uaire an chloig sa tseachtain. Sin sé scilling san uair. Dá mbeadh orainn an ráta pá sin a thabhairt do na cailíní a bhíonn ag obair ar feadh ceithre huaire is daichead sa tseachtain, bheadh orainn trí phunt déag agus ceithre scilling sa tseachtain a thabhairt do gach duine acu—rud a chuirfeadh ualach rómhór ar an tionscal.

ATURNAE 2. Ní raibh an cailín seo ag obair ar feadh na ngnáthuaireanta?

BAINISTEOIR. Deich n-uaire sa tseachtain na huaireanta
a bhí aici.

ATURNAE 2. Cén saghas oibre a bhí á dhéanamh aici sa
mhonarcha?

BAINISTEOIR. Bhíodh sí ag glanadh na leithreas.

ATURNAE 2. Bhíodh sí ag glanadh na leithreas—ar thrí
phunt sa tseachtain.

BAINISTEOIR. Caithfidh duine éigin iad a ghlanadh. Ní
bhíonn le déanamh ach na hurláir a ní gach lá
agus na báisíní a shruthlú. Obair dheas bhog.
Mura ndéanfaí gach lá é ba ghairid an mhoill ar
Chigire na Monarchana an dlí a bhagairt orm.

ATURNAE 2. Agus rinne tú an cailín seo a fhostú chun
an obair sin a dhéanamh duit.

BAINISTEOIR. Is amhlaidh a tháinig sí chugam ag lorg
oibre sa mhonarcha. Ní raibh sí oilte ar aon
saghas oibre dá leithéid. Dúirt sí liom gur
bhaintreach í agus go raibh páiste óg aici. Bhí
trua agam di—cailín chomh hóg léi a bheith ina
baintreach. An bhean ghlantóireachta a bhí
agam tharla í amuigh breoite ag an am, agus
thug mé an post go sealadach don chailín sin—
Bean Uí Laoire mar a thug sí uirthi féin. D'éirigh
an bhean eile as an bpost go luath ina dhiaidh
sin, agus thug mé an buanphost do—do—do
Bhean Uí Laoire.

ATURNAE 2. Agus rinne sí an obair sin duit ar feadh
ráithe.

BAINISTEOIR. Rinne.

ATURNAE 2. Agus rinne sí go sásúil é?

BAINISTEOIR. Rinne. Bhí gach aon duine buíoch di.
Rinne na hoibrithe bailiúchán i gceann tamaill
chun bronntanas a cheannach di.

ATURNAE 2. Agus thug tú féin bronntanas airgid di?

BAINISTEOIR. Thug mé rud beag éigin di. Ba é ba lú ba
ghann dom a dhéanamh. Rinne sí a cuid oibre
go sásúil.

ATURNAE 2. Ní raibh aon locht agat uirthi?

BAINISTEOIR. Ní raibh.

ATURNAE 2. Mar sin féin thug tú an bóthar di i mí na
Márta.

BAINISTEOIR. Go deimhin duit níor thug mé. Is amhlaidh
a stad sí de theacht.

ATURNAE 2. Stad sí de theacht?

BAINISTEOIR. Stad. Bhí orm bean eile a fháil chun an
obair a dhéanamh. Obair í sin a gcaitear í a
dhéanamh gach lá. Mura ndéanfaí í rachadh na
hoibrithe amach ar stailc orm.

ATURNAE 2. An ndearna tú aon iarracht ar a fháil
amach cén fáth ar stad sí de theacht?

BAINISTEOIR. Rinne, agus gach aon iarracht. Chuir mé
an mátrún chun na háite a ndúirt sí a raibh sí ar
lóistín ann. Tá mátrún againn—banaltra oilte—
chun féachaint i ndiaidh na gcailíní. Má fhanann
duine acu amuigh, téann an mátrún á feiccáil
féachaint cén chaoi a bhfuil sí, nó an bhféadfadh
sí aon ní a dhéanamh di.

ATURNAE 2. (*Go moltach*) Rud inmholta. Is léir go dtugann tú aire mhaith do na hoibrithe atá fostaithe agat.

BAINISTEOIR. Déanaimid ár ndícheall dóibh.

ATURNAE 2. Cad a tharla nuair a chuaigh an mátrún chun na háite a raibh an príosúnach ar lóistín ann?

BAINISTEOIR. Ní raibh a leithéid de theach ann.

ATURNAE 2. Cad is mian leat a rá—ní raibh a leithéid de theach ann.

I gcaitheamh na cainte seo, tá na MNÁ OIBRE *ag éisteacht go cíocrach.*

BEAN OIBRE 1. Conas a d'fhéadfadh sé a bheith ann? Nach bhfuil a fhios ag an saol gur thit an teach anuas i mí na Márta?

BEAN OIBRE 2. Nár léigh tú an cuntas a bhí ar na páipéir air?

RADHARC 2: LASMUIGH DEN TEACH
LÓISTÍN

Ritheann GARSÚIN NUACHTÁN *isteach*.

GARSÚIN. Páipéar an tráthnóna! Tithe ag titim i mBaile Átha Cliath! Páipéar an tráthnóna! Páipéar an tráthnóna!

ATURNAE 2. Bhí seomra ligthe agat ar cíos leis an gcailín seo?

B. LÓISTÍN. Bhí. Le Bean Uí Laoire, mar a thugadh sí uirthi féin. Lig sí uirthi gur bhaintreach í, ach bhí a fhios agamsa nárbh ea.

ATURNAE 2. Cárbh fhios duit nár bhaintreach í?

B. LÓISTÍN. Aithníonn bean phósta bean phósta eile, ar nós na gciaróg. Dúirt sí liom gur bhaintreach í, go raibh a fear céile tar éis bháis. Ach bhí a fhios agam go maith gur chailín singil a bhí inti agus gur leanbh tabhartha an leanbh.

ATURNAE 2. Thugfá aire don leanbh fad a bhíodh an mháthair amuigh ag obair.

B. LÓISTÍN. Thugainn. Leanbh maith ciúin a bhí inti.

Bhíodh sí ina codladh an chuid ba mhó den am.

ATURNAE 2. Thug an mháthair airgead breise duit toisc tú a bheith ag tabhairt aire don leanbh.

B. LÓISTÍN. Thugadh sí cúig scilling bhreise sa tseachtain dom.

ATURNAE 2. Agus cén cíos a bhí ar an seomra a bhí
aici uait?

B. LÓISTÍN. Cúig scilling déag sa tseachtain.

ATURNAE 2. Sin punt sa tseachtain ar fad?

B. LÓISTÍN. Sea.

ATURNAE 2. D'fhágadh sin dhá phunt aici chun í féin
agus an leanbh a chothú.

B. LÓISTÍN. Cá bhfios domsa san? Má ba bhaintreach í
bhí pinsean na mbaintreach aici.

ATURNAE 2. Ach ní raibh aon phinsean aici.

B. LÓISTÍN. Níl a fhios agamsa an raibh nó nach raibh.
Caithfidh mise maireachtáil chomh maith le
duine eile. Tá seisear clainne orm agus m'fhear
céile as obair le bliain.

ATURNAE 2. Inis dúinn cad a tharla i mí na Márta.

B. LÓISTÍN. Mí na Márta! Éist leis—cad a tharla i mí
na Márta! A Bhean Uí Mhaoláin, cad a tharla i
mí na Márta? A Shíle, a Bhríd, cad a tharla i mí
na Márta?

ATURNAE 2. Bhuel, cad a tharla i mí na Márta?

IAD GO LÉIR. Thit an teach anuas orainn i mí na
Márta!

SLUA *ag féachaint ar an teach atá tar éis titim. Tagann*
FEAR NUACHTÁIN. *Drumaí, cloig, etc.*

FEAR NUACHTÁIN. Inis dom cad a tharla?

B. LÓISTÍN. Bhí mise sa chistin. Bhí an dinnéar á chur i
gcóir agam agus gan suim agam in aon ní eile.
Ach leis sin chonaic mé mar a bheadh péist ag
snámhaíl feadh an bhalla. Chrom bloghanna den

tsíleáil ar thitim anuas, agus bhí a fhios agam gurbh amhlaidh a bhí an teach ag titim anuas orainn. Níor dhein mé ach breith ar na leanaí i mo bhaclainn agus rith amach sa tsráid leo. Is ar éigean a bhíomar amuigh nuair a thit an teach anuas in aon mheall amháin.

MNÁ. Cuir fios ar na gardaí. Cuir fios ar an mBriogáid Dóiteáin.

Tagann MÁIRE.

MÁIRE. Cad a tharla?

MNÁ. Thit an teach anuas . . .

MÁIRE. Mo leanbh . . . . Pádraigín! Cá bhfuil mo leanbh?

B. LÓISTÍN. An leanbh! Rinne mé dearmad glan ar an leanbh.

BEAN. Tá sí sa teach go fóill.

MÁIRE. Mo leanbh! Mo leanbh!

Déanann DUINE DE NA FIR *iarracht ar í a chosc.*

FEAR. Ná téigh isteach ansin, a bhean. Tá sé contúirteach.

Ritheann MÁIRE *suas an staighre agus tagann sí ar ais leis an* LEANBH. *Suíonn sí ar thaobh na sráide. An leanbh ina bachlainn aici. Fanann na* MNÁ *ina seasamh tamall uaithi. Tagann* SEÁINÍN.

SEÁINÍN. In ainm an Athar, cad a tharla anseo?

BEAN 1. Tá an teach tar éis titim anuas.

BEAN 2. Thit sé anuas ar a raibh ann.

SEÁINÍN. Ar gortaíodh aon duine?

BEAN 1. Níor gortaíodh, buíochas mór le Dia na glóire.

SEÁINÍN. Agus cá bhfuil na daoine a bhí ina gcónaí ann?

BEAN 2. Tá bheith istigh faighte acu i gceann de na tithe ar bharr na sráide.

SEÁINÍN. (*É ag féachaint ar* MHÁIRE) Agus cé hí sin?

BEAN 1. Bean a bhí ar lóistín sa teach.

SEÁINÍN. Tá leanbh óg aici. (*Is léir drochmheas ag na* MNÁ *ar an leanbh*) Cé hí féin?

BEAN 1. Bean Uí Laoire.

BEAN 2. Más fíor bréag.

BEAN 1. Bean Uí Laoire a thugann sí uirthi féin.

MAILÍ. Agus níor thug aon duine bheith istigh di.

BEAN 1. Níl aon aithne againn uirthi.

BEAN 2. Is strainséir anseo í.

BEAN 3. Bean í nár dhein cairdeas le haon duine againn.

BEAN 4. Bean neamhchairdiúil í.

BEAN 1. Bean neamh-mhuinteartha.

BEAN 2. Í mór inti féin.

BEAN 3. Rómhór dá bróga.

BEAN 2. Agus gan aici ach leanbh tabhartha.

SEÁINÍN. Is náireach an scéal í a bheith suite ansiúd ar thaobh na sráide. An amhlaidh nach mian le haon duine agaibh bheith istigh a thabhairt di?

BEAN 1. Don ospidéal ba chóir di dul leis an leanbh.

BEAN 3. An t-ospidéal an áit cheart dóibh.

BEAN 1. B'fhéidir gurb amhlaidh a gheobhadh an leanbh bás agus go mbeadh na gardaí an doras isteach chugainn.

BEAN 3. An t-ospidéal an áit cheart dóibh.

SEÁINÍN. An bhfuil siad gortaithe?

BEAN 1. Cá bhfios dúinn iad a bheith gortaithe nó gan a bheith.

BEAN 3. An t-ospidéal an áit cheart dóibh.

SEÁINÍN. Cé a deir gur tír chríostaí í seo? (*Téann anonn go dtí* MÁIRE. *Aithníonn í*) Tusa thar a bhfaca mé riamh! . . . . . Cén fáth a bhfuil tú suite ansin ar nós dealbh cloiche. Cad a bhain duit? Ar gortaíodh tú? . . . ar gortaíodh an leanbh? *Cromann sé agus iniúchann an leanbh.*

FEAR. Shábháil an bíoma an leanbh. Thit an bíoma trasna ar an gcúinne den seomra ina raibh an pram, agus shábháil sé an leanbh.

SEÁINÍN. (*Le* MÁIRE) Cén fáth nach bhfuair tú áit duit féin?

MÁIRE. Níl a fhios agam . . . Ní fhéadaim . . . .

SEÁINÍN. Agus na mná sin ag faire ort agus gan barr méire á ardú ag aon duine acu chun fóirithint ort. Tá an seanmhótar timpeall an chúinne agam. Tabharfaidh mé tú aon áit is mian leat. *Tagann* MAILÍ.

SEÁINÍN. Tusa anseo mar a bheadh drochphingin ann. Ní haon ionadh go bhfuil na tithe ag titim anuas ar na daoine.

MAILÍ. In ainm Dé, cad a tharla anseo?

SEÁINÍN. Nach n-aithníonn tú í seo?

MAILÍ. Máire Ní Bhriain.

SEÁINÍN. Nach bhfeiceann tú go bhfuil sí ansin agus gan dídean aici di féin ná don leanbh. Tá an seanmhótar agam timpeall an chúinne.

MAILÍ. Tugaimis í chun mo thíse. Ní fada uainn é. Tógfaidh mise an leanbh uaithi. (*Déanann sí iarracht ar an leanbh a thógáil*). Ní mian léi scaradh leis an leanbh. (*Go cineálta*) Féach, a chroí, ní baol duit feasta. Is sinne do chairde. Nach cuimhin leat Seáinín a' Mhótair agus Mailí? Tá an carr ag Seáinín timpeall an chúinne agus tabharfaidh sé an bheirt agaibh chun mo thíse. Seo leat anois.

SEÁINÍN. (*É ag cabhrú le* MÁIRE) Cad a déarfadh an Mátrún dá bhfeicfeadh sí anois mé?

Imíonn siad.

RADHARC 3: FIANAISE MHAILÍ

Glórtha sráide. MAILÍ *ina seasamh ag an gcúinne. Toitín á chaitheamh aici. Tagann na h*ATURNAETHA. *Is leasc leo í a cheistiú.*

MAILÍ. Haló.

ATURNAE 1. Is tusa Mailí.

MAILÍ. Is mé.

Searabhach — Bitter

ATURNAE 1. Thug tú an cailín seo go dtí do theach féin.

MAILÍ. Bhí siad siúd—mná "creidiúnacha" na comharsanachta—ina seasamh ina ndoirse ag faire uirthi, agus gan barr méire á ardú ag aon duine acu chun cabhrú léi. "Taispeánfaidh mise do na stiúsaithe sin nach bhfuil tú gan chairde", arsa mise, agus thug mé í féin agus an leanbh abhaile liom.

ATURNAE 1. Agus an miste a fhiafraí cén saghas tí atá agat?

MAILÍ. Pé saghas é, níl sé ag titim anuas ar mhná ná ar pháistí, ná ní teach doicheallach é, murab ionann is a lán eile.

ATURNAE 2. D'fhan sí sa teach sin go ceann tamaill.

MAILÍ. Bhí seomra folamh ann a bhí oiriúnach di féin agus don leanbh. *empty* *suitable*

ATURNAE 2. An raibh airgead aici?

MAILÍ. Conas a bheadh airgead aici? Nár chaill sí a raibh sa saol aici nuair a thit an teach anuas

77

uirthi. Ní mór a bhí aici le cailleadh; ach chaill sí éadaí an linbh agus a cuid éadaigh féin.

ATURNAE 2. Chaill sí a raibh sa saol aici. Mar sin féin ní dheachaigh sí ar ais ag obair sa mhonarcha?

MAILÍ. Bhí sí mar a bheadh bean bhuile go ceann tamaill. Ní cheadódh sí an leanbh as a radharc agus ní fhágfadh sí an teach gan an leanbh a thabhairt léi. Bhí mar a bheadh eagla uirthi go dtarlódh tubaist éigin di dá mbogfadh sí a súile di.

ATURNAE 1. Agus an dóigh leat go raibh an teach sin agat oiriúnach do chailín dá leithéid agus do leanbh neamhurchóideach?

MAILÍ. Bhuel, don diabhal leis an mbeirt agaibh.

RADHARC 4: TEACH MHAILÍ

MÁIRE *ina suí — í faoi ghruaim.* Tagann MAILÍ, *buidéal bainne aici, mar aon le ceaintíní bia, etc.*

MAILÍ. Huh! Croith suas tú féin. Ní hé deireadh an domhain é. Faigh rud éigin le déanamh duit féin. Ná bí suite ansin i gcónaí ag déanamh trua duit féin. *complaining*

MÁIRE. Más ag clamhsán atá tú, imeoidh mé as seo; imeoidh mé láithreach—mé féin agus an leanbh.

MAILÍ. Anois, anois, ná bí á cheapadh gur mór liom an méidín suarach atá agam á thabhairt duit. Ach caithfidh tú féachaint romhat . . . . . Athair an linbh, ba chóir go gcabhródh sé libh.

MÁIRE. B'fhearr liom bás den ghorta.

MAILÍ. Tá go maith, tá go maith. Ní luafaidh mé a thuilleadh é . . . . An rachfá ar ais chun na monarchan?

MÁIRE. Bheadh eagla orm.

MAILÍ. Cén eagla a bheadh ort?

MÁIRE. Eagla go dtarlódh aon ní do Phádraigín, fad a bheinn amuigh uaithi.

MAILÍ. Ní féidir leat súil a choinneáil uirthi i gcónaí.

MÁIRE. Ba mhian liom . . . go dtí go mbeidh sí níos crua . . . beagáinín beag níos crua.

MAILÍ. Féach, ó nach mian leat dul amach ag obair, cad a déarfá leis seo. Bheadh bean an tí toiltean-

79

ach seomra a thabhairt duit saor ó chíos ach an
teach a choinneáil glan di. Agus déarfainn go
mbeadh na lóistéirí toilteanach cúpla scilling an
duine a thabhairt duit in aghaidh na seachtaine
ach an ghlantóireacht a dhéanamh dóibh. Sa
tslí sin d'fhéadfá maireachtáil gan dul lasmuigh
den teach.

MÁIRE. Bheadh sin go hiontach. Is aingeal tú, a
Mhailí.

MAILÍ. Aingeal dubh mé, go bhfóire Dia orm! . . . Tá
sé socair, mar sin. Agus cá bhfios, agus a mbíonn
d'fhir bhreátha ag teacht chun na háite seo, ná
go bhfaighfeá fear acu a phósfadh thú.

MÁIRE. Ná habair é sin . . . .

MAILÍ. Tá go maith, tá go maith. Ní luafaidh mé a
thuilleadh é. Ach an té a mhairfidh, feicfidh
sé . . . .

Cloistear an leanbh ag gol. Imíonn MÁIRE.

RADHARC 5: FIANAISE CHOILM

Gabhann COLM *trasna an stáitse.* BUACHAILL EILE *ina theannta. Glaoitear ar* CHOLM. *Imíonn an* BUACHAILL EILE.

CLÉIREACH. Colm Ó Sé, Colm Ó Sé.

ATURNAE I. An tusa Colm Ó Sé?

COLM. Is mé.

ATURNAE I. Máistir scoile?

COLM. Sea.

ATURNAE I. An cuimhin leat oíche an rince gur chuir tú duine éigin in aithne do Mháire Ní Chathasaigh?

COLM. Ná cuirtear an milleán ormsa. Ní dhearna mise ach iad a chur in aithne dá chéile, oíche úd an rince. Cailín deas neamhurchóideach a bhí inti. Ní fhaca mé go ceann i bhfad ina dhiaidh sin í. De thaisme a casadh ar a chéile sinn sa chathair. D'aithin mé láithreach í . . . . Cé nach bhfaca mé ach an t-aon uair amháin roimhe sin í.

Gabhann MÁIRE *trasna an stáitse. Imíonn an* CLÉIREACH *agus na* hATURNAETHA.

COLM. Hé, tá aithne agam ortsa. Tusa Máire Ní Chathasaigh . . . A Mháire . . . Nach cuimhin leat sinn a bheith ag rince le chéile sa teach scoile Oíche Bhealtaine anuraidh.

81

MÁIRE. Tusa Colm Ó Sé.

Croitheann siad lámh le chéile.

COLM. Is minic mé ag cuimhneamh ar an oíche sin . . . agus an t-amhrán a chan tú "Siúil, siúil, siúil, a ghrá." Ach tar isteach sa chaife seo agus ólfaimid cupán caife nó rud éigin.

RADHARC 6: AN CAIFE

Leagann beirt chailíní freastail an bord.
Suíonn MÁIRE *agus* COLM.

COLM. Cad a bheidh agat?

MÁIRE. Cupán caife. Sin a bhfuil uaim.

COLM. (*Leis an gcailín freastail*) Dhá chupán caife.
Tugtar an caife chucu.

COLM. An fada duit sa chathair?

MÁIRE. Táim anseo le bliain, geall leis.

COLM. Bhí mé ag cur do thuairisce nuair a bhí mé sa
tsean-áit um Nollaig ach ní raibh d'eolas ag na
comharsana ort ach tú a bheith imithe . . .
Cheap mé gurb amhlaidh a bhí tú sna mná
rialta . . . Chonaic mé do dheartháir—an dear-
tháir atá ag dul le sagartóireacht . . . .

MÁIRE. Seán.

COLM. Tagann an t-éadach dubh go breá dó. Is clos
dom go bhfuil an deartháir eile ag cuimhneamh
ar phósadh!

MÁIRE. An bhfuil? . . . Níor chuala mé . . . Níor inis sé
dom é . . . ina litir . . . Cé hí an cailín?

COLM. Duine de na Búrcaigh . . . Ach ní hé sin é ach é
seo. Táim anseo le tamall anuas agus gan aithne
agam ar aon duine ach amháin ar na garsúin ar
scoil. An dtiocfá ag rince liom anocht?

83

MÁIRE. Beidh . . . beidh mé gnóthach anocht.

COLM. Istoíche amárach, más ea?

MÁIRE. Beidh mé gnóthach istoíche amárach freisin.

COLM. Is leor nod don eolach . . . An amhlaidh atá tú ag cuimhneamh fós ar dhul sna mná rialta?

MÁIRE. Ní raibh ansin ach brionglóid—brionglóid nár fíoradh.

COLM. Tá buachaill agat sa chathair seo, ní foláir.

MÁIRE. Níl.

COLM. Is deacair a chreidiúint nach mbeadh buachaill ag cailín chomh mealltach leat. Bhí mé an-tógtha leat an oíche úd ar chuir mé Pádraig Mac Cárthaigh in aithne duit.

MÁIRE. Conas . . . conas tá Pádraig?

COLM. Ó, tá Pádraig lán de cheol mar a bhíonn i gcónaí.

MÁIRE. An bhfuil aon fheabhas ar a bhean?

COLM. Tá feabhas uirthi, an t-aon fheabhas amháin a d'fhéadfadh a dhul uirthi, an bhean bhocht, tá sí marbh.

MÁIRE. Cathain . . . .?

COLM. Cathain a fuair sí bás? Fan go bhfeicfidh mé . . . Suas le bliain ó shin. Sea . . . Fuair sí bás i Meán Fómhair seo caite. Cathain a d'imigh tusa?

MÁIRE. Lúnasa.

COLM. Tamall gearr ina dhiaidh sin a fuair sí bás, más ea. Is aisteach liom nach bhfuil an scéal cloiste agat. Sea, cailleadh í i Meán Fómhair seo caite. Tá Pádraig ina bhaintreach le bliain — tóir ar

chasing the girls

na cailíní arís aige. Táim ag ceapadh go bhfuil an-tóir ag an máistreás óg air.

MÁIRE. Gabh mo leithscéal, caithfidh mé imeacht anois.

COLM. Ach, a Mháire, níor bhlais tú an caife ...

MÁIRE. Tá obair le déanamh agam. Go raibh maith agat. Slán agat.

Imíonn MÁIRE. *Caitheann* COLM *airgead ar an mbord agus imíonn sé. Glanann na* CAILÍNÍ FREASTAIL *an bord agus imíonn siad. Tagann* MÁIRE. *Suíonn sí ag an mbord agus cromann ar scríobh.*

NB

MÁIRE. A Phádraig, a chroí liom, cad a déarfaidh mé leat? A bhfuil i mo chroí duit ní féidir é a chur ar pháipéar ... Dúirt tú liom gan scríobh chugat ... gan d'ainm a lua ... Is mise do bhean agus caithfidh mé rud a dhéanamh ort ... Ní scríobhfaidh mé chugat, a Phádraig, mar go bhfuil a fhios agam go dtiocfaidh tú chugam. Tiocfaidh tú chugam aon lá feasta. Tá tú saor anois. Tiocfaidh tú lá éigin, uair éigin. Tá a fhios agam go dtiocfaidh tú ... go luath.

Dóchasach / hopeful

Cloistear glór PHÁDRAIG *amuigh.* *outside her room*

PÁDRAIG. Ná téigh suas an staighre sin. Is fuath liom staighrí.

Tagann MAILÍ.

MAILÍ. A Mháire, casadh beirt orm sa tsráid agus thug mé liom abhaile iad. B'fhéidir go ndéanfá caint le duine acu, go fóill. Fear breá galánta é. Máistir scoile .... Bígí istigh, a bhuachaillí.

Imíonn MAILÍ. *Tagann* PÁDRAIG. *É beagán ólta.*

PÁDRAIG. Cé thusa? Hé! Tá aithne agam ortsa . . . Tusa Máire Ní Chathasaigh.

MÁIRE. A Phádraig—bhí a fhios agam go dtiocfá— bhí a fhios agam . . . . . A Phádraig . . . nach bhfuil tú chun rud ar bith a rá liom?

PÁDRAIG. Cad a bheadh le rá agam?

MÁIRE. Ach . . . ach . . . an méid ar ghabh mé tríd ó shin. Thit an teach anuas orm féin agus ar Phádraigín.

PÁDRAIG. Pádraigín?

MÁIRE. Ní fhéadfainn gan Pádraigín a bhaisteadh uirthi . . . ar m'iníon agus d'iníonsa.

PÁDRAIG. M'iníonsa. A Chríost . . . m'iníonsa.

MÁIRE. Is í an leanbh is gile agus is gleoite dá bhfaca tú riamh í. Is dealrach leat í . . . Fan, fan a Phádraig. Dúiseoidh mé í. Ní dhéanfaidh sí gol. Is annamh a dhéanann sí gol.

PÁDRAIG. Ná déan. Ní mian liom í a fheiceáil.

MÁIRE. Ach . . . ach is leatsa í . . . d'iníon . . . chuir tú fáinne ar mo mhéar 'Leis an bhfáinne seo déanaim thú a phósadh'.

PÁDRAIG. Táim pósta. Phós mé leathbhliain ó shin . . . Phós mé athuair.

MÁIRE. Phós tú bean eile . . . An mháistreás scoile . . .? An mháistreás óg.

PÁDRAIG. Sea.

MÁIRE. (*Í ag labhairt go mall*) Ní do mo lorgsa a tháinig tú anseo . . . Is amhlaidh a tháinig tú le Mailí . . .

go teach an mhí-chlú . . . agus tú ar do laethanta
saoire sa chathair . . . Bhí ort í siúd a phósadh
. . . Mheall tú í, mar a mheall tú mise, agus bhí
ort í a phósadh.

PÁDRAIG. Ní fíor é sin.

MÁIRE. Ní fearr í ná mise.

PÁDRAIG. Is beag is ionann sibh—a striapach.

Tagann COLM *agus* MAILÍ. *Buidéal ag* COLM.

COLM. Pádraig Mac Cárthaigh. Cá bhfuil Pádraig
Mac Cárthaigh? Seo, a chailíní, ólaimis sláinte
Phádraig Mhic Chárthaigh. Fear fáidhiúil. Fear
fuinniúil groí. Bean á cur agus bean á pósadh in
aon bhliain amháin aige. Seo sláinte Phádraig
Mhic Chárthaigh. Chuir sé bean agus phós sé
bean. Seo libh, ólaimis sláinte gach aon óinsín
tuaithe ar leor focal bog bladrach chun í a
mhealladh.

MAILÍ. Mise.

COLM. (*Le* MÁIRE) Níl tusa ag ól. Seo, ól braon de sin.
Hé! Tusa atá ann! . . . Máire Ní Chathasaigh
. . . A Phádraig, Máire Ní Chathasaigh, féach.

PÁDRAIG. Téanam ort as seo. (*Brostaíonn sé amach é.*)

MAILÍ. (*Í ag glaoch ina ndiaidh*) Hé! Cá rachaidh sibh?
Fanaigí! Fanaigí!

Imíonn MAILÍ.

*Cloistear 'Siúil, a ghrá' á chanadh lasmuigh den
stáitse. Téann* MÁIRE *suas an staighre go mall.*

RADHARC 7: FIANAISE MHAILÍ

MAILÍ. (*Í ag tabhairt fianaise*). Fuair mé boladh an gháis i mo sheomra féin in airde staighre. Síos liom. Bhí cúisíní sáite faoin doras aici agus píosa ceirte sáite isteach i bpoll na heochrach. D'oscail mé an doras. Ba dhóbair go leagfaí mé le neart an gháis ar fud na háite. D'fháisc mé ciarsúr fliuch thar mo bhéal agus isteach liom. Bhí mé ródhéanach.

Bhí ceann an linbh san oighean aici agus an gás ag éalú ina lán-neart. Mharaigh sí an leanbh— an leanbh a raibh oiread sin ceana aici uirthi. Mharaigh sí an oíche léanmhar sin í. Bhí cosa an linbh fáiscthe lena hucht aici agus an bheirt acu fuar marbh romham . . . . Ní cheadódh sí an leanbh a dhul uaithi i ndorchacht na síoraíochta gan í féin a dhul in éineacht léi.

MAILÍ *ag gol*.

GLÓR MHÁIRE. Mharaigh mé mo leanbh de bhrí gur cailín í. Fásann gach cailín suas ina bean. Ach tá m'iníon saor. Tá sí saor. Ní bheidh sí ina hóinsín bhog ghéilliúil ag aon fhear. Tá sí saor. Tá sí saor. Tá sí saor.

Cloistear creill an bháis.

88

RADHARC 8: AN REILIG

Na hAisteoiri go Léir i láthair.

ATURNAE 2. An coiste cróinéara a d'iniúch an scéal is
í breith a thug siad ná dúnmharú agus féin-
mharú. Ní raibh ag an gCróinéir ná ag a choiste
ach an fhianaise a tugadh os a gcomhair. Ach
sibhse, a bhfuil na cúrsaí ar fad ar eolas agaibh,
cé is dóigh libh is ceart a chiontú?

MÁTHAIR. Ná bítear ag féachaint ormsa. Ní ormsa is
cóir an milleán a chur. Thóg mise í go creidiún-
ach agus go críostúil. Cad eile a d'fhéadfainn a
dhéanamh di? (*Imíonn* AN MHÁTHAIR.)

SEÁN. Náirigh sí sinn. Bhí orm éirí as an tsagartóir-
eacht. Ní fhéadfainn aghaidh a thabhairt ar mo
chomrádaithe sa choláiste . . . (*Imíonn sé.*)

LIAM. Bhris Beití an cleamhnas a rinneadh dúinn. Níor
fhéad sí an phoiblíocht a sheasamh. (*Imíonn sé.*)

BAINISTEOIR. Chuir mise ag glanadh na leithreas í. Ach
caithfidh duine éigin iad a ghlanadh. (*Imíonn sé.*)

B. UASAL. Ní fhéadfainn í a choinneáil sa teach. Cad a
déarfadh na comharsana? (*Imíonn sí.*)

OIBRÍ S. Rinne mise mo dhícheall di. Ach bhí sí
stuacach ceanndána. Ní scarfadh sí leis an
leanbh. (*Imíonn sí.*)

SEÁINÍN. Bhris sí na rialacha. An té a bhriseann
rialacha an chluiche cailltear ann é. (*Imíonn sé.*)

89

BEAN 2. Nach uaigneach an tsochraid a bhí aici.

BEAN 3. An bheirt acu in aon chónra!

BEAN 1. Ba bhrónach an radharc é!

BEAN 2. Go bhfóire Dia ar an gcréatúr.

BEAN 3. Trócaire go raibh ar a hanam. (*Imíonn na MNÁ.*)

MAILÍ. Cailín dílis a bhí inti. Níor inis sí riamh ainm an fhir a bhréag í. Thug sí an rún sin isteach san uaigh léi. Pé hé féin ba chóir go mbeadh aithreachas air . . . Go ndéana Dia trócaire ar a hanam agus ar anam gach peacaigh eile mar í. Go ndéana Dia trócaire orthu araon.

Imíonn MAILÍ. Cloistear 'Siúl, a ghrá' á chanadh go bog binn. Tagann PÁDRAIG. Seasann ar bhruach na huaighe ar feadh nóiméid gan aon fhocal a rá. Casann cába a chóta aníos thar a mhuineál agus imíonn.

BRAT

MÁIRÉAD NÍ GHRÁDA
AGUS
A SAOTHAR LITEARTHA

Éamon Ó Ciosáin

A saol

I gCill Mháille, taobh thiar d'Inis, Contae an Chláir, a rugadh Máiréad Ní Ghráda ar an 23 Nollaig 1896. B'fheirmeoir a hathair, Séamus Ó Gráda, a chaith tamall ina chomhairleoir áitiúil. Ba náisiúnaí é, agus bhíodh baill de ghluaiseachtaí náisiúnta ar lóistín sa teach sna blianta roimh bhunú Shaorstát Éireann. Duine díobh sin Earnán de Blaghd, aire airgeadais chéad rialtas an tSaorstáit, a raibh Máiréad mar rúnaí aige ó 1921 go dtí 1923.

Breac-Ghaeltacht a bhí i gCill Mháille, agus bhí Gaeilge ag muintir Mháiréad Ní Ghráda. Bhí giotaí de *Cúirt an Mheán Oíche* agus véarsaíocht Ghaeilge eile de ghlanmheabhair ag a hathair, ar chainteoir dúchais é.

Fuair sí oideachas meánscoile i gClochar na Trócaire in Inis. Bhain sí duaiseanna amach sna scrúduithe agus scoláireacht go Coláiste na hOllscoile, Baile Átha Cliath. Bhain sí céim BA sa Ghaeilge agus sa Fhraincis amach i 1918 agus MA sa Ghaeilge i 1919, faoi stiúir Dhúghláis de hÍde.

Bhí sí sáite i gcorraíl pholaitiúil na linne agus í ar an ollscoil. Ba bhall de Chumann na mBan í; i 1920 cuireadh i bpríosún í faoi bheith ag díol bratach do Chonradh na Gaeilge. Ghlac sí taobh an tSaorstáit i gCogadh na gCarad

(1922-23). Chuaigh an tréimhse seo i gcion go mór uirthi: is é is cúlra d'fhormhór a cuid gearrscéalta agus dá mórdhráma deireanach *Breithiúnas* (1968).

Mhúin Máiréad Ní Ghráda i scoil trialach i nGleann na gCaorach, Co. Bhaile Átha Cliath, (1919-20) agus tar éis dhá bhliain ag rúnaíocht d'Earnán de Blaghd phós sí Risteard Ó Ciosáin, oifigeach sna Gardaí, i 1923. Bhí beirt mhac acu, Séamus agus Brian.

Chuir pobal na tíre aithne uirthi mar bholscaire ar Raidió Éireann (2RN) ó 1926 amach. Bhí freagracht uirthi chomh maith as cláracha do mhná agus do pháistí, agus as an gcartlann cheoil. Ba í céad bhanchraoltóir 2RN í, ag am nach raibh a leithéid ar an BBC féin. Post páirtaimseartha a bhí ann, áfach, agus d'éirigh sí as tar éis athrú rialtais i 1932. Mhair a spéis i gcúrsaí oideachais do pháistí, i gcúrsaí ban agus a dúil sa cheol go buan ina dhiaidh sin.

Bhí spéis riamh aici i gcúrsaí drámaíochta. Bhí sí ar dhuine den bhuíon a bhunaigh An Comhar Drámaíochta i 1923 chun drámaí Gaeilge a léiriú go rialta. Ba é *An Uacht* a céad dráma. Chum sí é do dhaltaí Choláiste Tís Chill Mhic Oda, áit a raibh sí ag teagasc, i 1931. Léirigh Mícheál Mac Liammóir *An Uacht* in Amharclann an Gheata in Aibreán 1931.

Lean Máiréad Ní Ghráda uirthi ag cumadh drámaí ó 1931 go dtí deireadh na 1960idí. Le linn an ama sin, bhí sí ina heagarthóir ar leabhair scoile le Brún agus Ó Nualláin agus is iomaí sraith téacsleabhar Gaeilge, Béarla agus staire a scríobh sí nó a chuir sí in eagar, chomh maith leis an iris oideachais *Teacher's Work.*

Chaith sí tamall ina cathaoirleach ar Chumann na Scríbhneoirí. Dá bharr sin agus de bharr a spéise sa drámaíocht, bhí sí páirteach sna hiarrachtaí a rinneadh le hamharclann

Ghaeilge a bhunú i mBaile Átha Cliath ó na 1940idí ar aghaidh. Cé go raibh sí féin bainteach le léirithe as Gaeilge in Amharclann na Mainistreach sa tréimhse sin, chreid sí gur ghá áras ar leith do dhrámaíocht na Gaeilge. Léiríodh drámaí léi in Amharclann an Damer, a bhunaigh Gael-Linn i 1955, agus ba é *An Triail* (1964) an ceann ba mhó cáil.

Má bhain umhlaíocht le Máiréad Ní Ghráda i leith a cumais féin ba dhuine an-neamhspleách a bhí inti. Bhí post dá cuid féin aici ar feadh a saoil, ag am ar mhinice na mná sa bhaile. Fuair sí bás i mBaile Átha Cliath ar an 13 Meitheamh 1971.

Saothar luath
Foilsíodh sraith gearrscéalta léi san iris *Bonaventura* sna 1930idí, agus cnuasach díobh, *An Bheirt Dearthár agus Scéalta eile* i 1939. Ina ceantar dúchais atá a bhformhór suite, i dtréimhse 1916-23. Máithreacha saighdiúirí nó lucht troda, a gcuid leannán mná, athair a mharaigh a mhac i gCogadh na gCarad, na príomhphearsana. Tá téama an chúitimh as ucht drochbheart i gceist agus téama na cinniúna. Rinne sí ceannródaíocht le *Manannán* (1940), úrscéal do pháistí. Scéal turais go dtí pláinéad eile atá ann, cineál ficsean eolaíochta, rud nua sa Ghaeilge ag an am.

Drámaí éadroma grinn iad *An Uacht* (a foilsíodh i 1935) agus *An Grá agus an Garda* (1937). Cleasaíocht, míthuiscint, áibhéil agus an *comique de situation* na seifteanna grinn iontu, ach gur casta go mór plota an dara dráma. Ó *An Grá agus an Garda* amach is féidir tábhacht shnaidhm an phósta mar struchtúr agus mar théama a bhrath i saothar Mháiréad Ní Ghráda. Má mholtar pósadh le grá seachas cleamhnas (*Giolla an tSolais*), is é teagasc *Úll Glas Oíche Shamhna* go gcaithfear glacadh le neamhfhoirfeacht an leannáin, agus is minic blas searbh ar an bpósadh (*Lá Buí Bealtaine, Súgán Sneachta, Breithiúnas*).

Mícheál an chéad dráma léi a foilsíodh. Aistriúchán Gaeilge ar dhráma le Miles Malleson bunaithe ar scéal le Tolstoy atá ann. Léiríodh in Amharclann an Gheata é i 1933, foilsíodh é, agus léiríodh arís é i dTaibhdhearc na Gaillimhe, i 1934. Is fiú a shonrú gur pearsanú ar an Maith atá in Mícheál, cineál aingil. Seift dhrámata é seo a d'úsáid Máiréad Ní Ghráda i ndrámaí eile ina dhiaidh sin (an tOlc, an Bás. . .) agus tá *Stailc Ocrais* ar cheann díobh.

Is cosúil gur scríobh Máiréad Ní Ghráda *Stailc Ocrais* i ndeireadh na 1930idí. Bunaíodh é ar scéal stailc ocrais, *Days of Fear*, le Frank Gallagher. Níor léiríodh é go dtí 1962 sa Damer. Is dócha gurb é an t-ábhar goilliúnach faoi deara an mhoill fhada seo. Go luath tar éis a chumtha thosaigh stailceanna ocrais go bás i bpríosúin na hÉireann arís. Ó thaobh na hamharclannaíochta de, is léiriú eispriseanaíoch atá ann ar scéal na stailce. Tá taibhsí fear agus ban ann, tá an Bás ina phearsa, agus léirítear an choimhlint in aigne cheannfort na stailce trí úsáid an chóir.

Amharclann na Mainistreach 1945-1961

Do léiritheoirí agus do pholasaí Amharclann na Mainistreach a cumadh na drámaí láir. Bhí deis ag údar Gaeilge oibriú le léiritheoirí gairmiúla, leithéidí Frank Dermody agus Thomáis Mhic Anna; chuireadh Seán Ó Riada ceol leis na drámaí. Ach os a choinne sin ní raibh Amharclann na Mainistreach faoi stiúir Earnáin de Blaghd sásta airgead mór a chaitheamh ar dhrámaí Gaeilge. Chuirtí na drámaí gearra Gaeilge ar siúl tar éis dráma Béarla na hoíche, agus cé go raibh pobal ann, níor phobal le Gaeilge líofa é. D'fhág na cúinsí seo gur gheamaireachtaí nó rudaí cosúil leo an príomhréimse drámaíochta Gaeilge a chleachtaí in Amharclann na Mainistreach. 'By gestures and mime I make them (na drámaí) self-explanatory' a dúirt Máiréad Ní Ghráda faoina cuid drámaí gearra.

B'annamh drámaí fada Gaeilge cosúil le *Giolla an tSolais* le Ní Ghráda á léiriú. Siobhán Nic Cionnaith agus Donncha Ó Deá a bhí sna príomhpháirteanna i 1945. Bronnadh duais na Mainistreach ar *Giolla an tSolais*, agus léirigh Uaitéar Ó Maicín i dTaibhdhearc na Gaillimhe é. Foilsíodh é i 1954. Tá gaol ag an ábhar le scéalta Faust agus Shéadna, agus le miotas Lúsaifear. Tá seift na huachta in úsáid arís, agus is as an dochar a dhéanann airgead do chomhluadar a fhuintear an choimhlint dhrámatúil. Sampla maith é den chineál drámaíochta tuaithe a bhí coitianta sa Mhainistir san am, agus den drochmheas ar ábharachas a bhí á chraobhscaoileadh ag an am. Tá cráifeacht ann, mar a bhí i ndrámaí eile le Ní Ghráda ar nós *Ríte (1955)* agus *William of Dublin*.

Fadhbanna fear agus ban, cúrsaí grá agus pósta is ábhar do *Lá Buí Bealtaine* (céad léiriú 1953, foilsithe 1954), *Úll Glas Oíche Shamhna* (céad léiriú agus duais Oireachtais 1955, foilsithe 1960) agus *Súgán Sneachta* (duais Oireachtais 1957, céad léiriú 1959, foilsithe 1962). Tá codarsnacht láidir idir fir is mná nó idir lánúineacha iontu. Uain na cinniúna agus tráth na tuisceana do chailín óg is ea Oíche Shamhna. Ar nós *Giolla an tSolais*, tá *Úll Glas Oíche Shamhna* bunaithe ar phiseog, 'an cailín a d'íosfadh úll glas Oíche Shamhna ar uair an mheán oíche, os comhair scátháin, go bhfeicfeadh sí scáil a fir chéile . . . sa scáthán.' Foghlaimíonn sí nach bhfuil foirfeacht sa saol.

Tháinig seifteanna dhrámaíocht an eispriseanachais chun cinn sna drámaí gearra don Mhainistir. Radhairc ghairide is minice iontu. I *Lá Buí Bealtaine*, úsáidtear iardhearcadh agus brionglóidí le scéal beirte a chur i láthair. Cineálacha daoine atá i gceist i *Súgán Sneachta* (Baitsiléir agus Seanmhaighdean), seachas pearsana a 'fhásann'. Níl d'ainm ar an lánúin ach Eisean agus Ise.

D'fhág Máiréad Ní Ghráda an nádúrachas agus a chuid carachtar forbartha ina diaidh agus chuaigh sí le drámaíocht eispriseanaíoch ina bhfuil pearsana stóinsithe agus cineálacha. Is iad na téamaí is tábhachtaí sna drámaí seo: an grá, an pósadh agus an bás, an streachailt agus an mhíshástacht leis an saol. Tugann príomhphearsa *Mac Uí Rudaí* (duais Oireachtais 1960, céad léiriú 1961, foilsithe 1963) a chúl lena shaol leamh ar fad agus imíonn sé le brionglóideach, ar nós Walter Mitty ag Thurber.

Na drámaí deireanacha

Fuair Máiréad Ní Ghráda seans drámaí fada a chumadh do lucht féachana le Gaeilge ar a dtoil acu sa Damer sna 1960idí. Is féidir é sin a bhrath ar fhairsinge na n-ábhar sóisialta a tharraing sí chuici féin sa dá dhráma deiridh a scríobh sí.

Chuaigh cáil *An Triail* i bhfad i gcéin. Léiríodh é i bhFéile Amharclainne Bhaile Átha Cliath i 1964; chraol RTÉ leagan teilifíse de i dtús 1965, agus cuireadh isteach ar Fhéile Dhrámaíocht Teilifíse Bheirlín é. Fuair sé ardmholadh ó léirmheastóir in *Times* Shasana. Cuireadh leagan Béarla ar siúl i 1965, a foilsíodh i 1966. Seasann sé le *An Giall* Bhreandáin Uí Bheacháin i measc an bheagán drámaí ar éirigh thar cionn leo sa dá theanga. Cuid eile dá stairiúlacht, gurb iad an file

Caitlín Maude agus an t-aisteoir cáiliúil Fionnuala Ní Fhlanagáin a bhí sa phríomhpháirt ann.

Níor dhrámaí i gcrot an nádúrachais *An Triail* ná *Breithiúnas*: bhí an 'coirpeach' marbh, rud a d'fhág gur áis shiombalach a bhí in úsáid struchtúr na cúirte. Bhí an cóiriú eispriseanaíoch ag cloí le modh oibre Thomáis Mhic Anna, a léirigh *Breithiúnas* in Amharclann na Péacóige i 1968. Chuaigh Máiréad Ní Ghráda i muinín an chóir arís, agus tá an 'Fear Eile' mar a bheadh *alter ego* nó scrúdaitheoir coinsiasa ann. Leanann na radhairc céimeanna a ghlac an cúlbhinseoir tuaithe, Marcas de Grás, ina shaol nó gur scaoil sé é féin lena ghunna seilge trí thimpiste, b'fhéidir. Nochtar a shuarachas, a uaillmhian agus sa deireadh an bhréag ba bhun lena cháil ar fad: níor ghaiscíoch i gCogadh na Saoirse é ach meatachán a tháinig i dtír ar bhás duine eile. I ndiaidh nochtadh seo rún bunaidh a shaoil, fágtar an cúlbhinseoir ag súil le trócaire. Ach ní fhuasclaítear an t-amhras faoin bhféinmharú. Taobh leis an téama polaitiúil, tá gluaiseacht eile sa dráma, an duine ag teacht ar thuiscint níos fearr air féin, mar a bhí in *Úll Glas Oíche Shamhna*.

Leag Máiréad Ní Ghráda bior géar a pinn ar shaol na hÉireann in *Breithiúnas*. Gheofar cur síos ar dhréimire na polaitíochta agus na seifteanna suaracha go léir a bhaineann le polaitíocht áitiúil: socrú post, vóta an chlochair áitiúil, freastal ar shochraidí agus mar sin de. Cuirtear fimíneacht i leith an pholaiteora choimeádaigh ar mór aige an teaghlach mar institiúid ach a loiteann timpeall air ina theach féin.

Baineann *Breithiúnas* leis an gceistiú ar mhiotais bhunúsacha an Stáit a lean comóradh 50 bliain an Éirí Amach i 1966. Cé go mbaineann cuid den dráma le himeachtaí Chogadh na

Saoirse, tá nuacht ag baint leis i gcónaí agus níor chaill na ceisteanna atá ann puinn dá dtráthúlacht.

Ceangal

D'fhás scríbhneoireacht Mháiréad Ní Ghráda ó dhrámaí gearra taitneamhacha i dtreo na drámaíochta teagascaí sóisialta a chuaigh i ngleic le saol na hÉireann ar bhealach samhlaíoch. Thug sí féin agus na léiritheoirí ar oibrigh sí leo modhanna nua-aimseartha thar farraige isteach ina cuid drámaí, agus ní raibh col aici le háiseanna nua mar an teilifís. Is iomaí cúis go bhfuil tábhacht léi i stair na drámaíochta Gaeilge. Ba dhuine den bheagán drámadóirí Gaeilge í a scríobh i gcónaí i gcomhair complachtaí gairmiúla, nó ar ardchéim feabhais, leithéidí an Chomhar Drámaíochta (1923-42), Amharclann na Mainistreach agus an Damer. Ó thaobh na gcumann amaitéarach de, is beag drámadóir Gaeilge eile ar léiríodh oiread drámaí chomh minic leis/léi. Mar shampla, bhí *Mac Uí Rudaí* léirithe breis agus céad uair faoin am ar cuireadh i gcló é.

Ba í an mórdhrámadóir ban ba thúisce sa Ghaeilge í. Ba mhór aici cás na mban, agus tá úire ag baint leis an dá shaothar mhóra dheireanacha go fóill. Thar aon ní eile, chreid sí san amharclann bheo agus dhírigh sí a saothar ar an ngnáthphobal lena spéis a mhúscailt i ndrámaí Gaeilge. Ba é a mian ariamh go mbeadh bláth ar dhrámaíocht na Gaeilge agus bonn eagair ceart fúithi.

coimhlint